Lettre ouverte au colin froid

DU MÊME AUTEUR

LES AVENTURES D'UNE JEUNE FILLE, Éditions du Seuil, 1963. Collection de poche 10/18, U.G.E., Éditions Le Sagittaire, 1977.

LE GRAND ÉCRIVAIN, Éditions du Seuil, 1967 (Édition remaniée).

LA CAUSE DES PEUPLES, Éditions du Seuil, 1972, collections « Combats ». La Guilde du Livre (Lausanne), Le Livre de Poche, Hachette.

LE PREMIER QUI DORT RÉVEILLE L'AUTRE, Éditions Le Sagittaire, 1977.

CHAQUE MATIN QUI SE LÈVE EST UNE LEÇON DE COURAGE (Éditions Libres-Hallier, 1978).

JEAN-EDERN HALLIER

Lettre ouverte au colin froid

AM

Albin Michel

La collection « Lettre ouverte »
est animée par Jean-Pierre Dorian

22, rue Huyghens, 75014 Paris

ISBN 2-226-00861-6

AVERTISSEMENT

Un homme averti en vaut deux. Au moins, je ne serai pas seul pour affronter la réprobation, les mines choquées, le silence et la traversée du désert que me vaudra ce livre...

Car il n'est que trois manières de l'accueillir. Le prendre pour ce qu'il est : un outrage au Président de la République. Que ce dernier ne réagisse pas, nous aurons une preuve de son laxisme. Qu'il me fasse poursuivre, lui-même, ou par personne interposée, nous en aurons une autre : l'imposture du libéralisme. Dans l'un et l'autre cas, il aura tort. De même, ceux qui se laisseront scandaliser par la grossièreté du ton, tomberont sous le coup de mes diatribes contre le caractère des Français. Donc, je les conchie, en gros et en détail.

Restera deux attitudes. Celle du technicien reprenant à son compte le mot de

Talleyrand : « Tout ce qui est excessif est insignifiant. » Mais que ne songerait-il pas à le renverser ? Car l'insignifiance de mon modèle a justement pour effet d'exagérer toute attaque. Force singulière de Giscard, les coups qui pleuvent glissent sur l'écaille. Son art suprême, l'esquive par le néant.

Aussi faut-il considérer en soi ma férocité joyeuse. D'ailleurs, elle n'est pas politique. Toujours, j'innove : au pot-bouille des analyses insipides, j'oppose la littérature, cet art scandaleux.

Alors, pourquoi avoir gaspillé tant d'énergie à dénoncer un personnage pour lequel je n'éprouve qu'un incommensurable mépris ? Car Giscard et moi, ne gouvernons pas la même France.

La réponse est simple : je veux son départ. Mais ni les classes politiques ni l'opposition ne la désirent. Je ne me fais pas d'illusion : je n'ai derrière moi que la majorité des Français, c'est bien peu...

Comme je me promenais à pas lents avec mes vieux parents sur les planches de Deauville, où ils se sont retirés, mon père m'avertit :

— Cette fois-ci, tu vas te faire avoir. On n'attaque pas le Président de la République. Toutes tes frasques, où je t'ai repêché par la culotte... Mais là, tu vas te noyer...

Et ma mère soupira :

— Contente-toi de te faire élire à l'Académie française avant notre mort. Mais briguer la présidence ? Tu es fou, mon pauvre enfant.

Nous avancions paisiblement le long des écumes vertes, parsemées de voiles blanches. Et je méditais sur ma fin de carrière, compromise par moi-même : mon éditeur recevrait les polyvalents, des coups de fil de l'Élysée m'interdiraient, peu à peu, les pages des journaux, quant à mes impôts, n'en parlons pas. J'en étais presque à suivre ces conseils de prudence assortis de tous ceux de mes bons amis me poussant dans la même voie, quand une odeur soudaine, immonde, violente, odeur de la

France et de poisson avarié, infesta mes narines. Je la reconnus aussitôt : l'odeur de colin pourri !

— Que se passe-t-il? dis-je en me pinçant l'appendice nasal.

— C'est que nous longeons la villa des Ornano, maire de Deauville, ministre de Giscard. Par vent d'est, c'est toujours l'infection, elle vient de là, dit mon père en me désignant les fenêtres ouvertes, aux volets ajourés, de ce ravissant hôtel particulier, style 1900, bordé de peupliers, d'où ces miasmes étaient chassés. Alors je compris mon devoir : je ne devais plus tarder sinon cette odeur gagnerait, et cet inimitable parfum de misère morale, de merde sous cellophane déchirée, d'étron couvert d'écailles, ne cesserait de s'étendre si je n'y mettais un halte-là... Et puis, saisi d'un grand élan de tendresse filiale muette, je songeais que les dernières années de mes parents se passeraient au moins dans l'air pur, le grand air iodé et doux d'une Normandie rendue à elle-même, à ses yearlings, à ses planches, ses cabines de bain, ses parasols, et au temps comme il passe, entre averses et éclaircies nimbées d'arc-en-ciel.

A vous aussi, jeunes gens, je dédie ces pages. Voici qu'elles s'envolent à tire-d'aile, et bruissent, un grand vent frais les tourne, comme les ailes multiples des oiseaux blancs de la liberté. Rien n'est perdu pour peu qu'on le veuille. A vous qui êtes l'espérance, je suis le vent juste. Sans cesse je réinvente, en l'allégresse fiévreuse des perpétuels recommencements de l'aube, ma devise : Chaque matin qui se lève est l'envol du fou de Bassan... Et j'avoue qu'il en faut, du courage, pour s'en prendre à cette puanteur, cette pouascaille fade, écœurante, et à l'insaisissable invasion des colins en notre beau pays. D'abord, je n'y ai point prêté attention — le colin étant un poisson vulgaire, inoffensif, à propos duquel on serait bien en peine d'émouvoir l'opinion publique de nouveaux frissons. D'autant que le culte du colin étant un culte officiel, ses thuriféraires, les journalistes, sont des rémoras à ventouse se nichant dans l'oreille de la renommée, ou à même l'écaille du colin, à moins, selon d'autres sources, qu'ils ne soient des annelés du genre vers du nez, ne se nourrissant que de moutarde, de défécations, ou de laitances décomposées, mais d'une susceptibilité telle qu'ils ne peuvent s'entendre traiter de larbins sans trépigner et grincer des dents. Or, je les ai traités de tels...

Si j'avais mieux connu la zoologie marine, j'aurais classé ces commensaux inférieurs à la rubrique zooplantonophages. Cet état est même appelé : phorésie. Au fond des eaux, cela revient à la condition à l'air libre des larves de la mouche espagnole, variante Cognacq-Jay, par exemple, attendant les bourdons dans les fleurs, s'y attachant, et parvenant ainsi à piller la nourriture de la ruche : le pollen, le miel et les larves de bourdon. Mais les études ne m'ont vraiment servi à rien...

Oui, tant d'intelligence, de dons, de bon grain, pour les dilapider en ivraie ! Avant de déclarer, Monsieur le Président, que vous regardez la France au fond des yeux avec un œil de colin froid, j'aurais dû piétiner la bête immonde et sa laitance. Désormais, il est trop tard, votre réélection triomphale aux prochaines présidentielles est assurée... Cela est probable : grâce à un miracle sans cesse renouvelé, l'incurie de l'opposition, vous ne cessez d'augmenter le débit du robinet d'eau tiède dans la baignoire à la française, genre Louis XV, où vous laissez patauger le pays. D'ailleurs j'ai presque pitié de vous, pauvre garçon, n'était ce dégoût qui me pousse à l'indifférence. Je suis froid, presque autant que vous, colin froid, qui l'êtes par nature. Je ne vous hais ni ne vous aime, élève Giscard, vous ne m'inspirez que la condescendance ennuyée que l'on éprouve envers ces condisciples du lycée Janson dont on sait bien que s'ils réussissent si fort dans leurs études, c'est qu'ils sont dépourvus de ce petit rien qui fait tout : le supplément d'âme, la vie intérieure, la richesse d'imagination et de fantaisie. Ces trop bons élèves, on ne les laisse aux toutes premières places que pour préserver sa propre liberté, même si vous êtes plus doué qu'eux, ce que je suis, à foison si je me compare à vous. Non, nous ne nous sommes point connus en classe ; j'étais déjà tellement plus jeune que vous, qui ne l'avez jamais été, ô colin, qui refusez si pathétiquement votre vieillissement, affublé de la mèche des domestiques anglais des dessins de Ronald Searle, et je le suis resté. Vous, cinq ans de pouvoir vous ont rendu méconnaissable, si je consulte les photos des débuts de votre règne : à l'inverse du portrait de Dorian Gray, l'éternel éphèbe d'Oscar Wilde, c'est votre visage public qui est devenu hideux. Vos rides, vos taches brunes, stigmates douteux, insidieuse lèpre du temps qui passe, vos tics, même, démentent cette allure, le bail emphytéotique que vous avez signé avec le club Président et Cie, variante extenseurs de caoutchouc pour cadres dorés sur tranche — « ... je suis bince », dites-vous — minceur de la sénilité précoce ! Masque émacié, décomposition sèche — comme chacun sait, le poisson commence toujours à pourrir par la tête.

Mais, quel que soit l'abîme de générations entre nous, soudain entrouvert par vos artères durcies, nous appartenons, comme on dit, encore que je sois noble à tous les sens du mot, et que vous ne le soyez point, au même milieu social — si je ne m'étais moqué de son hideux conformisme, de ses rallyes et prétentions, de ses hideux mariages de raison, de ses places préparées toutes moites dans les conseils d'administration, de ses chasses à courre et de son tir aux pigeons. Moi, je vous ai compris : j'aurais partagé votre seule ambition, toute mesquine et tenace, votre vulgarité morale par excellence, qui est d'éblouir votre classe d'origine, entre thé de la rue de la Pompe, où nos mères étaient amies, et citron pressé du Racing Club, aspiré, que dis-je, sucé, la bouche déjà en cul-de-poule, en des pailles plastifiées. Ô dames exemplaires... — Elle sentait déjà le poisson, dit rêveusement ma mère, se souvenant et poursuivant paisiblement son chemin vers Trouville.

Mon père opina:

— Le hareng, la morue, que sais-je, ou l'alose à l'oseille...

Le poisson, c'était déjà l'odeur secrète du 16e arrondissement, du poisson pas frais, de chez Dior et Nina Ricci, avec des écailles de chez Hermès, mais on ne pouvait pas s'en apercevoir.

Puis, nous nous assîmes à la terrasse de l'un de ces restaurants où l'on déguste aussi des frites et des moules à la crème. Le tablier blanc du patron, gonflé par un ventre remarquable, en garde-manger, claque, tandis que j'entends encore le brave homme nous proposer... le plat du jour.

Quand il posa le merlu sur la nappe, avec ses gros yeux pareils à des perles de jais, je reconnus immédiatement le mets national, depuis que la poule au pot d'Henri IV est passée de mode : le colin froid à la sauce Ponia. Ainsi a-t-on rebaptisé la sauce Mornay, ce ministre bâtard de Badinguet, Napoléon III, à usage du libéralisme abâtardi, sauce blanche à la moisissure, à la laitance délayée et au bain Marie-Salope...

De nouveau, ces effluves immondes nous pincèrent les narines.

— Je ne me sens pas très bien, dit ma mère, en détachant sa serviette.

J'eus tout juste le temps d'enfourner mes parents dans un taxi en maraude, pour les ramener chez eux.

Depuis ce repas interrompu, je ne suis plus revenu à Deauville, villégiature écœurante. D'ailleurs, la santé de mes parents me préoccupe. Le bulletin météorologique est toujours aussi pessimiste : vent poissonneux, par cinq échelle Beaufort. Nonobstant, mon cœur de bon fils ne cesse de battre au seul souci de ces quelques bolées d'air pur, mes mots fous, mots libres, mots qui se pressent au souffle frais de nos libertés reconquises. Mais nous en sommes loin : Colin froid, rien ne vous menace. Vos vieux parents à vous, Edmond et Lucie, peuvent être fiers de vous. Vous les avez comblés. Partout, la pouascaille s'est imposée à la nouvelle cuisine des parvenus : quand vous nous invitez au Petit Trianon, entre un archiduc, le roi d'Espagne, et le roi des cons, c'est toujours pour déguster le merlu aux huiles. Gratiné, farci, ou au four, le plat du jour n'est plus que l'écaille millésimée du colin. Reste, il est vrai, à l'apéritif, pour nous détendre les muscles, le tir au pigeon. Mais le pigeon, c'est vous, et moi je tire. Voudriez-vous même vous mettre à égalité avec moi-même, me provoquer, je choisis l'arme, le style, et vous êtes déjà mort.

Oui, qui n'a pas lu votre pensum, *Démocratie française* ? Correcteur en première année de Sciences-Po, je ne lui aurais même pas donné la moyenne. En marge j'aurais noté : « Esprit plus plat que la limande, suçon de cours polycopié, éponge d'idées impersonnelles ». Seulement voici : vous étiez déjà Président de la République, sinon vous ne vous seriez jamais aventuré à laisser publier cette œuvrette dérisoire en forme glissante de savon tiède. Mais, comme votre cul pointu et en amande trouait les divans de l'Elysée, vous disposiez des meilleurs attachés de presse du pays, des journalistes assermentés à la déférence moqueuse et de leurs directeurs tenus par de sournois chantages fiscaux, des coups de téléphone de l'Elysée, la gamme infinie des pressions discrètes pour peu qu'ils se mêlent d'égratigner, si peu que ce soit, vos écailles vaniteuses. Voici pour l'homme de plume, le penseur étant inexistant, je passe. Reste le Président. Jadis, Pompidou, grosse caille volant bas, mais volant tout de même, sachant humer sa terre et ses labours, déclarait : « On a supprimé la famille et l'État. Depuis il n'y a plus rien... » Si, il y a l'État-spectacle, ce carrosse de Saint-Sacrement, avec son disco douccâtre, et surtout votre trumeau de Narcisse, qui vous est si complaisamment tendu : la télévision.

L'autre jour, à l'aube, ma promenade m'a conduit sur les hauteurs de Montmartre et jusque dans la lanterne du Sacré-Cœur où l'obligeance du sacristain m'a permis de monter. Là, comme un pâle soleil se levait sur Paris, cette prière est tombée de mes lèvres :

« Père des dieux et toi, Poséidon, maître de la mer vineuse, à mes pieds voici les vagues figées de Paris. Or, moi, je sais qu'en l'une de ses grottes, tapi dans une anfractuosité de la roche, règne sur cet empire un colin froid. Dieux immortels, je vous implore et j'immolerai une hécatombe de gilets rayés sur vos autels après avoir demandé aux haruspices de consulter les entrailles de Ponia, si vous m'expliquez les raisons de ce règne. Pourquoi un colin a-t-il usurpé les insignes, martelé les stèles, gravé son emblème — une arête — au fronton de nos temples et jusque dans le fond des cendriers ? Pourquoi, dans les cirques, ces naumachies et ces combats non point de lions mais de requins ? Pourquoi pleut-il toujours sur la ville ? Qu'est-il arrivé à ce peuple pour qu'il subisse le joug du plus commun des poissons ?

« Mais, dieux, un colin froid, Président ? Sur le trône alors qu'il devrait être dans la poêle, et coiffé par Desfossés alors qu'il devrait se faire racler l'écaille chez Prunier ! Et pour notre malheur, fécond : Jacinthe Colin, Valérie-Anne Colin, Henri

Colin, Joachim Colin... Mes filets se lassent de ramasser ce fretin. Plaise au ciel que nous fussions gouvernés par un bœuf ou un serpent à plumes! L'Egyptien et l'Aztèque eurent ce bonheur. Hélas, en place d'Apis et d'Huizilopotchli, nous avons, nous, un colin! Dieux immortels, vous le savez, chaque année il migre deux ou trois fois en Afrique. Pour chasser, dit-on. Mais comment se fait-il alors que neuf mois après chacun de ses voyages, des jeunes filles noires mettent au monde des négrillons aux pieds palmés qui, de fleuve en fleuve et de mer en mer, remontent en nageant jusqu'à Paris où, tête hors de la Seine, ils s'écrient pitoyablement : « Papa, je veux voir mon papa colin » ? On les pêche. Adultes, ils deviennent éboueurs. Papa Colin les invite alors à prendre un petit déjeuner avec lui. Ah! Assez, assez de malheur... »

Alors je vis à mes pieds l'immense cratère se remplir d'eau. Bientôt, il bouillonna: des millions de colins s'y étaient reproduits en de monstrueuses noces. Sous le soleil, l'éclat de leurs écailles vibrait à l'infini et boursouflait la surface liquide comme une plaque de mercure sous laquelle eût été allumé le feu même de l'enfer. Tâche de Sisyphe que de vider cette mer! Oh, océan de grises turpitudes! le giscardisme ne s'analyse pas : on ne peut se pencher sérieusement sur l'opportunisme à la godille. Il ne se dénonce pas : il s'écope comme de l'eau nauséabonde, il se vidange, ce miroir glauque. Et moi, qu'y vois-je ?

La France au fond des yeux, vous la regardez avec un œil de colin d'importation américaine — puisque en son snobisme vulgaire, votre famille se plaisait à une délicieuse intonation anglaise, un zeste de bostonien à la mode auvergnate. D'ailleurs, au pauvre Callaghan qui croyait parler anglais au sommet des quatre, en Guadeloupe, île française, ne déclariez-vous pas :

— ... L'événement le plus important, c'est que les chefs d'Etat puissent se parler directement en américain.

Comme l'écrivait Michelet : « La langue, c'est la nation elle-même. » De plus, en vos afféteries de colonisé, vous savez bien que ce que vous bavez c'est la langue même de l'économie qui se parle outre-Atlantique, d'où nous sommes dirigés. Et l'économie est cet océan, en sa houle fluide et sa liquidité brumeuse, d'où vous êtes sortis vous et vos pairs, pour venir frétiller dans le mobilier national. Oui, votre langue de poisson, c'est le basic english, baragouin universel d'arriérés à usage des cacahuétiers de Philadelphie, des canoéistes kayakiers d'Ottawa, des commissionnaires de Kyoto, des cantinières des banques bavaroises. Tous baveux de barbarie ! Nous en sommes tous baba ! Oh, misère ! Crétinisation redoublée, si j'ajoute qu'il s'agit bien de la méthode Assimil des affaires : seule nourriture assimilable, la chair de colin à la sauce dollars exportant sa dévaluation dans le monde entier. Langue barbare, langue primitive où le vertébré inférieur revient à ses origines — et plus éloigné de la langue de Shakespeare que ne le serait même le français de l'école primaire de celui des tragédies de Racine. Du borborygme aux bulles qui crèvent à la surface de l'aquarium occidental...

Civis romanus sum — ainsi le Romain s'opposait-il orgueilleusement par sa langue au barbare. Mais vous, Giscard, n'ayant en commun avec Maupassant, au fil de l'eau, que le laisser-flotter, n'êtes pas fier du français : vous n'êtes qu'un barbare honteux de l'Amérique, barbare de Coblence, ânonnant l'american's language de nos businessmen — et je ne défends pas plus le français que le breton, le sanscrit, le berbère de saint Augustin, le portugais de l'université de Coimbra, ou le napolitain populaire de la commedia dell' arte. Ce que je défends c'est la diversité de l'intelligence dont la plus profonde aspiration au droit à l'incommensurable — ce qui nous reste de l'incessante soustraction économique de notre individualisme — passe par la langue, la langue seule, cette flammèche du Saint-Esprit illuminant la rumination uniformisante du basic bovidé, sur papier prairie couleur de chewing-gum d'herbes déglutiés. En un mot : notre jargon passe-partout, c'est le basic-colin.

Un spectre hante l'Europe, le colin froid. Où qu'il erre, dans le plus infime patelin de la France douce, son œil, au fond de l'assiette des banquets de la préfectorale, me hante. Colin monté en graine, petit scout maréchaliste, je vous vois bombant torse comme le Ratapoil de Daumier !

Mais cinq ans de règne, déjà ! Une occasion de plus de vous célébrer vous-même, de vous autocommémorer avec ce sourire égrillard devant le monument aux morts de ce petit village vendéen — l'homme qui rit dans les cimetières, Clemenceau, ayant dû vous marquer à jamais... Au bout de la grand-rue, sous la tente, vous invitiez les « inscrits » — ce ne sont plus les citoyens, mais les matricules d'une liste électorale — de la commune qui vous avait le plus largement plébiscité aux présidentielles : onze opposants seulement, sur les 647 votants, et encore ces derniers s'étaient-ils ralliés au maire de Tours, Royer, en surenchérissant sur votre propre devise au pétainisme ripoliné de technocratie fraîche : Banque, Bien-être, Libéralisme.

Le soir tombe et tout brille. Fraîchement astiquée, la pompe à incendie. Même les vaches, dans le pré, ont été passées au cirage, les escargots farcis de perplexité admirative et, à la devanture du magasin d'alimentation, les petits pois pour tête de linotte, les courgettes pour dames de charité courageuses, le bœuf en daube ébouillanté au lait de mon humaine tendresse, sont là pour composer ce menu passe-partout proposé par un traiteur de l'administration centrale : œuf en gelée et colin, colin toujours, colin froid mayonnaise, tout, magiquement, deviendra colin. Ah, que ce mépris, cette indifférence glacée pour les produits du terroir m'ont paru révélateurs ! Ah ! les pauvres ! Tous à la même cantine ! Ils auraient pourtant bien voulu vous les faire goûter, leurs produits... Mais où étaient les mojettes d'antan, les fèves à la crème, et la mouclade ou la salade de noix ? Tout était colinisé ! Petits indices pour découvrir de grands crimes : le génocide culturel passe aussi par la gastronomie. D'hier en aujourd'hui, c'est toujours, sur vos fourneaux, la même cuisine. Ainsi des dernières élections européennes. Qui a compté les plats ? Bonnet. Qui a scruté les sauces ? Poniatowski. Qui a contrôlé ? Veil. Qui a additionné ? Lecanuet. Qui a vérifié ? Riolacci. Qui a proclamé ? Vous-même... C'est-à-dire qu'un Conseil constitutionnel de cuisiniers véreux, de préfets gâte-sauces, d'énarques touilleurs, nous a préparé le plat du jour, le même de La Rabatelière à Douarnenez, pour le plombier de Plombières comme pour l'aiguilleur de La Roche-Migeon, tous logés à l'enseigne du colin froid et tendant l'écuelle. La bassesse a salé, le faux a sucré, la vénalité a recuit et le mensonge a servi. En cet épisode de convivialité gadget, caché derrière la grosse toile bleue et blanche du Giscard Circus, je vous vois encore, célébrant votre propre messe, fouillant de votre couteau à poisson la chair blême du colin froid.

— *Sursum corda.* Ceci est mon corps...

Ô touchante communion ! Pour le pain des anges, fait avec les déchets d'hostie, les voilà servis ! Du mongolien au bourgeois, genre jogging et petites annonces du *Nouvel Obs,* de l'hérédosyphilitique à la secrétaire de direction, motte rasée, jambes épilées pour les week-ends UDF de Monfort-l'Amaury, tous sont conviés à l'eucharistie blafarde, dont le pays, empoisonné, se meurt.

D'ailleurs, vous ne perdez rien pour attendre :

— ... Devine qui vient dîner ce soir ?

Giscard. Vous êtes ce qui manque au potage et aux courses cyclistes, aux finales de rugby, à la pétanque et aux ascenseurs, aux éboueurs et aux navets des halles de Rungis. Aux haricots blancs et à l'échalote. Si vous ne vous faites pas remarquer dans les poils des carpettes, sur la braise douillette des tapis rouges, vous ferez sensation au Salon de l'auto. On vous a même signalé dans une batterie de cuisine. Vous êtes apparu au thé syndical des dames-pipi, et vous tenez vos quartiers d'hiver à Courchevel pour y damer le pion de la neige fraîche. Infatigable camelot de vous-même, vous êtes... inoffensif ? Vos mœurs paisibles s'apparentent pourtant à celles d'un blanc Bokassa pour le culte de la personnalité et à celles des collabos, dont vous avez repris le titre du journal *Je suis partout.* D'où vient au reste que des pancartes se mettent à fleurir aux grilles des pavillons de banlieue : « Attention colin méchant », après que vous les avez visités ? De la légitime défense au laissez-les nager, c'est vous l'agité du bocal. Votre aquarium ? Le petit écran, où le ventouseux Gicquel, envieux de Maurice Barrès, ne cesse de parfaire son portrait à l'eau de Vichy afin de mériter son surnom de colin inspiré. Vos auteurs préférés ? Maupassant toujours, mais pour les contes de la bécasse, à engorger l'écuelle de l'électeur et du quidam des sondages. Votre faiblesse ? Cette bave qui vous coule des lèvres quand vous tirez, en Afrique, sur le gros gibier. Vous ressemblez fort, somme toute, à la mire sur le fusil. Maintenant, comme ce dormeur qui reconstruit ses mauvais rêves, revenez sur vos pas, lecteur, et suivez mon doigt...

Ce qu'il désigne : l'Europe. Ce qu'il montre : la France. Ce qu'il gratte : la fiente des idées reçues. Ici, les mouches à merde sont passées. Le poisson pourri, c'est leur spécialité... Mais ces bestioles-là sont de véritables mules. Elles ont des œillères, et mieux : elles n'en ont pas car leur champ optique est de lui-même bordé par les panonceaux noirs de l'erreur. Je retrouve ainsi dans leurs prunelles ma pensée assassinée : la bulle est tombée et je suis excommunié. Mais puisque le noir est mis, c'est au tableau noir que j'écris, à la craie blanche, le 7 juin 1979, souvenez-vous-en.

L'âme de l'Europe, « c'est le tissu conjonctif de cette culture, son cartilage de langue et l'afflux de sang des idées neuves ». Oui, Monsieur le Président, vous avez bien travaillé. A la corbeille du mariage européen, au moins serons-nous épousés pour nos beaux yeux puisque la dot s'est envolée. Mais pour l'avenir, je vous fais toujours confiance. Votre bilan, je ne saurais l'exiger. D'ailleurs, un bilan, cela se dépose ; le vôtre, vous n'êtes pas prêt à le remettre entre les mains des syndics ruinés de la gauche. Et c'est là même le seul argument électoral qui vous sauve, le miracle incessant dont vous tirez votre jubilation toujours renouvelée, cette insuffisance de l'adversaire et ses divisions. Oui, c'est là même le secret de votre chance insolente, de votre jouissance de propriétaire terrien du pays : vous êtes plus solide à votre poste que le pape lui-même au sien. Ce pouvoir, vous l'exercez avec une délectation d'autant plus visible que personne d'autre n'a vraiment envie de vous le prendre, car le pays légal ne saurait se relever aussitôt de ce qui le ronge, de cette lente paralysie générale, de cette syphilis insidieuse et de l'abaissement général de l'esprit français... non, je ne suis pas un vieil académicien, du moins pas encore, je ne me plains pas de la misère de nos belles-lettres, je rougis de honte. Oui, jamais la spéculation sur la peur, celle du manque, celle du chômage, dont chacun devrait savoir qu'il encourage la dépolitisation, n'auront autant servi votre légitimité, aidée en cela par le calcul mesquin d'une société de révérence colinante. Légitimité que je ne saurais contester. Car elle n'est pas celle du monarque en dépit de quelques-unes de vos innocentes manies. Elle est celle dont chacun, approuvant mes analyses, vous répondra, puisque vous avez réussi à piéger tous les autres, qui mettre à votre place ? Chirac, Marchais, Mitterrand ? Non. Non.

Oui, vous êtes ce président lacunaire, ce prince du designing et du néant, ce consensus par le vide, ce parvenu indifférent et enjoué, d'une légèreté tout osseuse, au pétainisme pignoché d'économisme, ce riche fils de riches. Valéry, fils d'Edmond et petit-fils de Bardoux, perpétuel riche de la troisième génération, celle des vanités.

La conscience populaire veut qu'il soit plus respecté que les autres, même si là où il est, c'est du pays qu'il dilapide tout l'héritage. Ô, chef-d'œuvre de transparence, c'est là ce qu'en une robuste métaphore régionale, l'on appelle un œuf clair.

Hélas, même si le colin vous a pondu, vous n'êtes qu'une tête d'œuf. Oui, ainsi les Américains désignent-ils leurs forts en thème. Vous savez traduire, mais non composer. Vous ne faites jamais de contresens, mais c'est le sens lui-même qui vous échappe, homo œconomicus, ô grande fourmi rouge répandant à flots, sur la France, un liquide anesthésiant. Les métaphores se pressent, se répètent de ma voix brûlante et blessée — je les ai si souvent essayées. Les gens prenaient d'abord le parti d'en rire puis de réfléchir et de me donner raison. Pauvre caractère ! A l'inverse de De Gaulle, vous flattez les Français au lieu de les secouer. « Ces veaux ! », éructa-t-il. Sans cesse, vous leur passez la main dans le dos, en ce siècle de masse. Seul le nombre vous importe. Car de la qualité, vous n'en avez pas la moindre idée. Comme un âne, vous répétez à ma suite : « La culture est essentielle. » Mais c'est par le seul biais de la sous-culture journalistique que vous l'abordez. Pour preuve : vieux gogo, prêt à penser, cheap man, plus versé dans le chiffon que dans la soie. Il n'est point de mode que vous ne suiviez, aucune que vous ayez inventée.

Les suffrages, vous les comptez comme un avare les sous de son bas de laine. Rabioteur de réfectoire, rognant sur la démocratie, comme sur des bouts de gras — et je ne croyais pas si bien dire, ignorant que vous iriez jusqu'à comptabiliser les professions de foi dont, par dérision, vous aviez bourré les urnes, comme de papier chiotte. Harpagon incapable de cette générosité, de cette dilapidation sans laquelle il n'est point de grande cause qui ne soit d'abord produite par une grande pensée — et la cause européenne l'est, si la pensée même s'en est enfuie à tire-d'aile. Ô rêveuse cigogne de mon enfance, partie on ne sait où.

Sans doute, allez-vous être surpris par ma colère, et votre bonne foi désarmée. En définitive, c'est bien là mon plus cruel reproche. Mon discours vous est proprement inimaginable : l'œuf clair ne peut comprendre le jaune qui n'est pas dans sa coque, l'embryon qui enfantera l'histoire. Votre stérilité, votre dessèchement, je les excuse même — on ne vous a pas programmé au software. Manque la fiche culture, celle du poème et celle de la grandeur, fiches perdues... Mais nul ne vous conteste le monopole des fusibles. Au carnaval, Goinfre du prêt-à-savoir, vous n'êtes jamais sorti de vos classes. Vos Elysée et vos Trianon ne sont que des annexes de nos écoles, et vos conseilleurs d'aujourd'hui sont vos condisciples bornés d'hier. Le pire, oui, c'est justement que vous ne puissiez me comprendre.

Au moins découvrirez-vous ceci. Vos attachés de presse affolés le constateront : cette lettre, jamais je n'aurais pu la publier avant les élections européennes, et le morne désarroi, la lassitude écœurée qu'elles ont engendrés dans l'opinion publique. Plus que d'un malaise de civilisation, il s'agit bien d'un vertige de l'ignorance. Oui, si l'Europe ne peut se faire qu'au bord du gouffre. Sans fond est celui de notre outrecuidance creuse. Idée très simple : l'histoire ne se gère pas, Valy, elle se bâtit

— comme le déclarait mon compatriote breton Jules Verne — à coups d'espérance exagérée alors que la vôtre n'est que raisonnable et mercantile. De même le peuple français, cette macédoine de Latins, Celtes ou Flamands qui le constituent ne peut que se construire et non se contenter d'être sans politique comme les démocraties anglo-saxonnes ou de devenir un simple pays marchand. Mais vous ne voulez pas construire, mais vous ne voulez pas d'un élan constructeur. Vous cuisinez, vous trafiquez et l'Europe qui aurait dû soulever l'enthousiasme des nouveaux princes de la jeunesse, les a tous fait bâiller d'ennui. Beurk !

Qui l'a répandue, cette odeur, sinon vous-même ? Et qui est le roi des bidonneurs, sinon vous ? Enfin, qu'il me soit permis de tirer la dure leçon des lendemains où l'on déchante. Quand la France s'éveille, les plats vont aux éboueurs, ces charretiers de l'aube.

Au *Figaro Magazine,* l'embarras règne à l'annonce de ce livre, on me rembarre. On ne badine pas avec la Présidence. Au *Monde,* c'est Fauvet qui me prend.

— Félicitations, Jean-Edern, vous avez mis dans le colin.

— Est-il ressemblant ?

— Non. C'est juste politiquement, mais pourquoi un colin ? Moi, je verrais plutôt une biche.

— Des paupières de biche sur des yeux de colin, est-ce possible ?

Fauvet s'étonne, d'autant que je nuance.

— ... Une biche, si vous y tenez, mais avec des dents de lapin.

Mais je l'ai convaincu.

— Oui, on n'en finirait plus. Va pour le colin.

Un peu plus tard, je m'adresse à *l'Humanité*. Marchais me fait répondre :

— ... le colin, c'est pas mal. Mais c'est un scandale si vous oubliez le sort des marins pêcheurs.

Et comme laissant traîner mes pas vers la Closerie des Lilas, je rencontre un vieil ami giscardien.

— Colin, y'a bon, n'est-ce pas ? lui dis-je, en l'invitant à partager mon repas frugal.

Mais à peine s'est-il assis à ma table qu'une odeur caractéristique taraude mon nerf olfactif. Ce patchouli d'écailles, d'arêtes vermoulues, me rend allergique, et je prends le prétexte d'un coup de téléphone à donner pour m'éclipser. D'ailleurs, ce que j'entends au bout du fil, de Marseille, n'est guère fait pour me rassurer :

— Les pêcheurs au lamparo ont les filets bourrés à craquer de colin froid.

Bien sûr, je passe sur certaines exagérations. Sur la Canebière, dit-on, un colin serait en passe de boucher le port. A Paris, une statue géante de colin serait à la veille d'être inaugurée à la place de l'obélisque. On exagère. Moi, je sais : l'invasion du colin est insidieuse, tranquille. Cela ressemble plutôt à une contamination administrative. Pas de pot pour les impôts. Votre percepteur, jadis si compréhensif, M. Onfisc, aurait été remplacé par un freluquet chauve, soulevant ses lunettes, découvrant des yeux glauques, sortis de l'eau, et vous disant d'une voix détimbrée :

— Vous allez à la pêche ?

Bref, d'un chantage fiscal à une majoration, vous n'avez qu'à filer doux. D'autant qu'il n'est pas seul de son espèce, le colin-percepteur.

Des colins, il y en a partout. Là où le trafic d'influence s'exerce, ils regorgent. Car il n'est rien, en ce pays, qui ne puisse se taxer, se monnayer ou s'acheter. Pas de belle âme qui tienne ! Je me serais résigné à ne pas publier ce livre, que l'on m'aurait versé des millions en dessous de table. A la place, fin septembre, à mon retour d'Asie du Sud-Est, je trouve un rappel, et une saisie sur mon compte...

— Alors, on s'obstine à traiter du colin ?

Je bégaye :

— Mais... mais je suis un homme libre.

— Nous avons les moyens de vous maîtriser.

Ah, j'imagine d'avance. Que l'on me pardonne si le dialogue n'est qu'approximatif. La bande qui m'a été remise par un copain des écoutes téléphoniques, a été lacérée par mon chat siamois, humant le poisson dans le magnétophone. Car la corruption spirituelle de l'opposition étant insondable, il suffira de s'adresser à ce vieux choucas de Daniel.

— Allô ! Jean ? C'est Valéry...

— A vos ordres, Monsieur le Président.

— ... à cet égard. Je ne doute pas de votre complaisance, de votre souplesse d'échine. Vous ferez silence sur l'ouvrage de M. Hallier.

— A vos ordres !

Des censeurs, au reste, je n'en ai jamais manqué. « Ce petit Jean-Edern, s'écriait ma gouvernante, il faut le faire taire. » Plus tard, en classe, mes maîtres s'inquiétaient de l'influence exécrable que j'exerçais sur mes condisciples. Leur technique, me séparer d'eux. Car il faut bien croire que je porte en moi la peste, peste morale, celle qu'exhale, en son innocence sulfureuse, le grand rire de la vérité...

Qu'en revienne l'écho, le 6 juin 1979, où j'improvisais lors de la campagne officielle aux Européennes [1].

Discours interrompu par une rafale de pub, titre, le lendemain, le journal *Libération.* Avec Sylvie Vartan, nous en eûmes pour deux minutes trente-cinq de bonheur. Moi, je réussis à monter à quatre minutes dix-sept de liberté. Pas mal, non ? Je ferai mieux la prochaine fois... si on me laisse, en dépit de ma grande modération !

Mille douceurs, comme on eût dit au XVIIIe siècle, si je songe à tout ce que j'ai

1. Voir Encoche n° 1.

tu. Depuis, je ne suis plus apparu sur le petit écran. Car la susceptibilité étant le propre des sots, si ces derniers ont quelque pouvoir — et le leur est exorbitant —, leur arme ne saurait être que la censure. Leur faute ? Le procès que tous ces gilets rayés prétendirent vouloir m'intenter... De qui tiennent-ils leur pouvoir exorbitant ? Leur légitimité, l'ont-ils conquise par le suffrage universel ? Non. Au moins ont-ils passé des examens susceptibles de les introduire aux fonctions qu'ils exercent. Ni mandataires du peuple, ni élites de la nation, leur grande école s'appelle : ministère de l'Intérieur. On les choisit pour leur docilité. Et ils ne se maintiennent que par leur nullité : le steward Gicquel, après avoir ramassé le vomi des passagers d'Air France peut ressasser tous les soirs son air favori, celui de l'information prédigérée : « Tiens, t'auras du boudin... »

Boudin suave, et rata-touille, rata-histoire.

« Les communications de masse ont engendré un nouveau mélange de sous-information et de sur-information : sous-information proportionnelle à l'importance du fait, sur-information proportionnelle à sa futilité », notait Jean-François Revel en 1965.

Les choses ont-elles empiré depuis, ou se sont-elles arrangées ? Je laisse au directeur de *L'Express,* acerbe pamphlétaire s'il en fut, le soin de m'expliquer pourquoi, depuis qu'il a rallié la majorité, son hebdomadaire reste étrangement silencieux sur la question. Est-ce là la « nouvelle censure » 1977 dont on aurait retranché le chapitre essentiel ? Vais-je faire à Revel ce procès que les méduses refusent de m'intenter : pour l'un se renier et pour l'autre rester fidèle à soi-même ? Qu'il me suffise de lui rappeler ces phrases qu'il écrivit lui-même du temps de la Convention des institutions républicaines de Mitterrand : « L'audiovision par elle-même n'accomplit aucun miracle, mais elle a l'inconvénient d'abaisser le sens critique et le niveau d'exigence du public qui croit se nourrir davantage alors qu'au contraire on lui enfourne des pilules réductrices de l'appétit. Quant à la partie du groupe social qui accède à la communication de masse pour la première fois grâce à l'audiovision, on la berne aussi cruellement que si on avait fourni aux premiers enfants du peuple admis dans les écoles primaires des manuels d'arithmétique sciemment falsifiés. Politique et culture se rejoignent dans un même exil, l'usage culturel de la radio-télévision ne peut que ressembler à son usage politique. » Il est vrai que, depuis, la gauche n'a guère évolué : récrimination sur les temps d'antenne, conquête parfaitement superflue si j'en juge par son peu d'impact — le premier effet produit étant essentiel et irréversible — du droit de réponse pour les partis, autant dire qu'il n'est rien, puisqu'il ne pourrait s'effectuer à plein qu'en direct. Dans tout autre cas, il n'est qu'une bataille défensive, perdue d'avance, et déjà jouée. Autant dire : prenez le taureau par les cornes avant qu'il ne vous embroche, gardez l'initiative, réinventez-la, que ce soit la loi du talion ! Œil pour œil. Un coude pour un tibia ! Prenez à rebrousse-poil les brosseurs à reluire. Pas de compromis avec eux. Faites grincer les dents, ne jouez pas le jeu... De plus, la politique ayant au moins en commun avec la nature l'horreur du vide, l'opposition a tout à perdre à vouloir le remplir et servir de sparring partner : sa fonction fantomatique, gesticulaire, secouant les chaînes d'un soi-disant peuple esclave agitant les grelots de vaines promesses sociales dans le suaire d'un avenir hypothétique ne fait qu'aggraver son terrible handicap initial, ne pas avoir de pouvoir. Alors, pourquoi se contenter de l'illusion d'un contre-pouvoir ? Injuriez ou faites le vide. Surtout ne nous rendez pas complice. N'ayez jamais de cesse que les journalistes arrivent en tee-shirt avec ces mots « I like Valy ». Au moins, la morale sera sauve... Je veux dire : l'opposition n'est pas allée plus loin que Revel, lequel a au moins compris pour lui-même que la bataille était vaine. Qu'on en juge, il suffit d'appuyer sur le bouton ; *Le Canard enchaîné* publiant la feuille d'impôt scandaleuse du Colin froid, le libéralisme consiste justement à en informer, mais pour révéler dans la foulée que le directeur de l'Opéra gagne trois fois plus, renforçant ici — par manque à gagner, si je puis dire — l'image de marque d'un Président bon citoyen. Sartre et quelques intellectuels tapageurs et ringards vont-ils se faire voir à l'Elysée pour évoquer les boat people de Pulau-Bidong, le libéralisme s'empresse (pour discréditer leur action) d'ajouter qu'il existe quatre autres organisations de secours, elles au moins efficaces et discrètes, lesquelles sont bien sûr discrètement aidées par le gouvernement. Libéralisme toujours que d'affecter de ne jamais rien taire. L'objectivité marron, la plus ultra s'appelle : l'interprétation des faits. Qui nous contredira ? Las de bondir impuissant, le téléspectateur le plus averti se laissera insidieusement contaminer s'il ne tourne pas le bouton. Mille fois, j'en ai fait l'expérience.

Bref, n'importe quel événement pourra servir à étayer l'inverse de ce qu'il signifie : demain, on ferait même rouler les têtes sous la guillotine pour prouver que la peine de mort est abolie, provoquer une marée noire pour vanter la propreté des plages, en un mot faire prendre toutes les vessies du pouvoir pour les lanternes de son nouveau despotisme éclairé. Tel est le théorème : tout est dans tout et réciproquement. Son corollaire : du moment qu'on contrôle l'antenne, user des apparences mêmes comme d'un moyen de plus pour retourner les faits. Viol des foules mais a contrario. Au palais des mirages, seul le trucage est roi...

D'ailleurs, la propagande officielle s'est affinée. Tous les jours, elle se veut plus insidieuse, invisible. Mais cela ne serait rien, si la nature même de la télévision ne venait seconder quasiment, à son propre insu, son dessein même : l'assujettissement des masses. Dans la paralysie qu'elle engendre, le boa est sur l'écran qui vous change en mouton, la vie associative, familiale se détruit. Ce qu'elle fabrique : un infirme social. Qu'importe une télévision giscardienne ou socialiste, le résultat sera le même. Cercle vicieux : pour conquérir l'instrument, il faut d'abord le détenir. Mais nul ne peut s'en emparer, s'il ne l'a déjà. Le colin enfle en se mangeant lui-même par la queue : esprit frappeur, esprit parleur, intarissable esprit de robinet d'eau tiède, glou glou glou... Le règne de la télématique commence. Car la télématique, c'est l'écrêtage généralisé, la bande de fréquence réduite et fluide, une production par excellence sans mémoire, fonctionnant sur deux données : la vitesse et l'oubli. L'une est la condition de l'autre, sa raison sociale : point de mainmise possible, à tout elle échappe, coule entre les doigts... C'est l'art même du colin, même si le colin ne le sait pas encore. Car le colin ne rationalise pas son propre pouvoir. Pouvoir anonyme, s'il en est. Le contrôle politique, c'est devenu une vision archaïque — même si je viens d'indiquer accessoirement comment il se pratique. On n'en finirait plus de donner des exemples...

Mais des partis d'opposition à la majorité, on se partage le ressentiment, la ruse, la solennité des protestations, ou le crêpage de chignon sur les temps d'antenne. Ce qui compte : l'intensité et non la durée. La provocation et non le dialogue. Mais chacun brigue ou s'en tient à un seul projet : le contrôle étroit de l'instrument. Or, le contrôle large, à l'américaine, c'est laisser tout passer, puisque la destruction de l'histoire, ou de la politique, passe par son simulacre. De même étant anonyme, le libéralisme qui n'est rien ne peut y gagner plus qu'il n'a déjà — c'est-à-dire tout.

D'ailleurs, qui se passionne vraiment pour les fastidieuses discutailleries, les faux coups d'éclat, les retiens-moi ou je fais un malheur, les clins d'yeux boursouflés des bêtes pense-bête, ces huissiers avinés, qui pour inviter les peuples à continuer de faire antichambre ne cessent d'annoncer l'avenir, bref, tout le menu fretin des figurants abusifs de la commedia dell'médiocratie des basses classes politiques ? Autant procurer aux Français de saines distractions, Sheila monte-moi là à la sueur du Hallyday, et au strass d'Amanda... Car la ruse de la majorité consiste à faire passer la parole de l'opposition pour un effet de sa propre tolérance. Du coup, le camp adverse n'a point de pire ennemi que lui-même. Et moins il a de pouvoir, moins il a de chances de le prendre : il lui suffit de se montrer pour décourager l'alternance. Bien sûr, à quelques exceptions près, Marchais, sociétaire à part entière du Franco-Guignol, ou moi-même.

Même si je suis provisoirement hors de combat, le 6 juin 1979 à 20 h 07, j'ai indiqué la vraie voie à ceux qui voudraient élargir la brèche que j'ai ouverte : pas de protestations fumeuses, de recours à la commission de l'Information, où les dossiers sont le dessert des termites, et le hors-d'œuvre des mites, pas le camphre des éternelles cassations vaines des jugements rendus en direct car ils sont sans appel : telle est la nature de l'instrument. Il est sans différé. Prenez les méduses à gilets rayés à l'esbroufe, ne leur laissez pas le temps de se réveiller, et conchiez-les !

D'ailleurs qu'on veuille bien relire les *Instructions aux domestiques* de Swift.

Bref, venez, valets, que je vous gourme de ma goujaterie de grand seigneur ! Une grossièreté tous azimuts ! Hélas, toutes ces merdes assermentées, corrompues franco de porc, elles ont, ces matières fécales, une parole qui fait loi. Ah, l'agriculture ne manquera plus de fumier ! Discréditez-les, mettez les rieurs de votre côté, et même si vous n'êtes pas en mesure d'évaluer précisément leurs innombrables prébendes et pots de vin, rentrez-leur dans le remugle. Vous aurez toujours raison. D'ailleurs vous ne pouvez pas avoir tort. Triste société, que celle où seule la diffamation peut faire passer la vérité ! Les nuances, elles portent sur le montant. Alors, ne vous embarrassez pas de celui-ci. Montez-leur dessus. D'où leur vient ce blé germé ? Et ces poires blettes ? Et ces olives rancies ? Leur train de vie, c'est sur le dos du contribuable, le citoyen égalitaire, que ces chancres vous le syphilisent... De plus, en un pays si ignoble qu'il ne perçoit plus le vrai qu'au travers du grossissement monstrueux de la lentille, seule la caricature est à même de la traduire, cette vérité insaisissable. Oh, puissance de l'humour ! Ciselez vos invectives ! Fil à couper le beurre des esprits tranchants ! Usez de toutes les armes : de l'intelligence foudroyante à la trivialité. La liberté, elle, n'est pas catégorielle. Aussi, la politique étant peu sérieuse par nature, il n'est pire piège que cette lie de vin, l'esprit de sérieux, où l'on voudrait vous faire tomber pour mieux monter, soi-disant, au mât de cocagne : la plus haute crédibilité politique. Crédibilité, que d'âneries, Gros-Jean comme devant, les minus habens ne prononcent-ils en ton nom ! Crédibilité, je te dénonce. Tu n'es que l'avatar grotesque, pathétique d'ailleurs, de la tragédie que nous vivons : la dévaluation incessante du politique lui-même. Et tombé si bas que le vertige me prend à vouloir le relever.

Colin froid, tu n'es qu'un épiphénomène. Giscard, ou d'Estaing, Valéry ou Brin-d'Oison, M. Prudhomme ou colin fainéant, tu es n'importe quoi, roudoudou, ou vermicelle, schmilblick de la grande bourgeoisie, pour donner corps à ta propre existence infatuée d'elle-même... Mais tu trônes dans les coussins du carrosse de l'ère-néo, la nôtre. Et ceux qui n'en devraient être que les septièmes roues, les bacilles à gilet rayé, en sont devenus les premières, par la grâce de la société informationnelle. Qu'on ne me dise pas : « C'est s'abaisser que de s'en prendre à des valets ! » Moi, je crève les roues : le carrosse, reposant sur elles, dès lors se déversera sur le bas-côté. Et le roi en déboulera, chausses par-dessus tête, perruque de traviole, et vous verrez son cul !

D'ailleurs, il n'avance pas, le colin--carrosse : il produit l'illusion médiatisée du mouvement. Sa méthode Coué : la néologie, qui se contente du préfixe nouveau pour désigner ce que justement elle a fait disparaître, et dont soudain elle se réclame, sur la base de la résurrection fixiste de ses modèles antérieurs — la philosophie, la cuisine, que sais-je, la nouvelle rhubarbe et le romantisme, le pur-sang par le crottin, et le suicide de Caroline von Ghelderode par les nouveaux liquides colorants. Décidément, la nostalgie n'est plus ce qu'elle était. Qu'est devenue Simone Signoret, mon adorée ? Ses yeux, son visage : deux émeraudes dans un sac de graisse. Et la presse de jadis ? La politique ? La pensée ? Le même épouvantable vieillissement des choses jonche le temps qui passe. Le goût du passé ne s'apprend pas. L'enfant qu'il hante, et je suis cet enfant-là, est triste à sept ans d'avoir atteint ce qu'on appelle autour de lui l'âge de raison : il refuse de grandir ; il retient à lui un monde fuyant, éphémère, insaisissable, son cheval de bois, son ours, son tricycle sur une esplanade éblouissante. L'avenir, il faut lutter tous les jours pour qu'il continue à vous appartenir en propre. L'avenir et le passé se ressemblent : une double évasion. Tout figer dans le temps retrouvé, c'est l'ABC de la société de consommation : un universel replâtrage, une restauration tous azimuts ravalant fantasmatiquement les façades irréelles des édifices écroulés. Viollet-le-Duc, architecte de Badinguet, est revenu ! On badigeonne le néant, à coup de fonds secrets. Trou des Halles, le rien dans le rien... Fosse creusée pour y coucher passé, présent, avenir, culture, poème et mon grand corps roué à coup de nageoires par un colin bourreau vêtu de rouge ? « Besdames et Bessieurs, suivez le guide. Je n'ai rien à vous montrer qu'un trou d'être, l'architecture de la vacuité. » Tel est aussi le néo-libéralisme, il ne mime pas seulement la grandeur défunte du libéralisme lui-même, il ne cesse de se proclamer lui-même pour ce qu'il voudrait être. Colin se choisirait-il biche, ou pot de moutarde, la giscarte resterait toujours cette morne arnaque aux tarots où Mme Irma ânonne sa propre compétence, en trempant son doigt dans le bocal de la télévision pour prophétiser : « Je suis tiède, donc le pays est tiède. »

Car la néologie, tu parles, relève de la tautologie, ce vice d'élocution grâce auquel la même chose est perpétuellement redite : France, ton disque est rayé... Mais la meilleure manière de buter sur le sillon, sans que nul paraisse s'en formaliser, c'est la fameuse valse répétitive appelée : lapalissade. On la danse à l'Elysée, au bal à Jo, on s'encanaille à la rythmer au Palace, idem : *bis repetita placent.* Tout ce qui nous reste du latin de la nouvelle cuisine consiste à assister bouche bée à cette liturgie engourdissante. Collabescence et lypémanie vont de pair, la torpeur s'aggrave. Bourdonnements de la mouche tsé-tsé — la maladie du sommeil se prolonge. Mornes piétinements, évidences tournoyantes, pour les cireuses de parquet de Caillebotte. Moi, d'autres tableaux me hantent : le triptyque de la *Tentation* de Jérôme Bosch, où, sous le regard d'un prêtre à la tête porcine dont les entrailles décomposées sortent d'une chasuble, deux vilains chevauchent un grand poisson gris, symbole de la cupidité, colin des profondeurs englouties du Moyen Age dont je m'efforce de déchiffrer le message adventice. Un jour, oui, le colin remplacera l'homme. Ah ! ce jour est-il arrivé ? Peut-être, mais en attendant, comment traiter le colin ? J'interrogeai à ce sujet M. Clovis, marchand de poisson à Trouville. Il grommela :

— Ça dépend, si on le calque ou si on l'étête, pt'êt ben qu'on pourra le conserver un jour de plus.

Vais-je étêter le Giscard ? Il faut croire que c'est déjà fait : la seule parole étant de redoublement, la répétition infinie, la seule nuance, le solécisme, erreur de syntaxe qui en découle. Grammaire en creux ! Simulation indicielle du réel : selon Léonard de Vinci, un art devient décadent quand il a cessé d'imiter la nature, pour imiter l'art lui-même. La vie se changeant en réplique du modèle, ce dernier devient l'agent déterminant de la réalité. Ainsi, l'irréalité atteint-elle son comble ; plus de raison, un délire à plat, qui n'a même pas le mérite d'être délirant...

Suis-je clair, bonnes gens ? La gracieuse débilité de Colin Ier vous saute-t-elle aux yeux ? A moins que vous ne soyez colin vous-même, vous m'approuverez. Et si, d'aventure, ce raisonnement vous paraît inconvenant, pour vous il est déjà trop tard, des écailles frétillent sous la flanelle de votre veston. Et votre odeur déjà écœurante éloigne de vous tous les honnêtes gens. Malheur maussade, où, en une sorte de fascination glauque, dégoûtée, vous ressasserez : « Moi, j'ai voté pour le colin. Qui mettre à sa place ? » Comme s'il s'agissait de poulet à pistou, de macaroni à piston, d'un pisse-vinaigre quelconque, ou de l'épouvantable difficulté de composer un menu tous les jours. Dès lors, le colin perdure, la néologie même renouvelle son essence. Le postulat cartésien s'en trouve renversé. Ce n'est plus : je pense donc je suis, mais : je suis donc je pense. Sur la feutrine gris-gris, genre herbe brûlée, de la table du conseil des ministres, c'est ainsi que l'on se conjugue soi-même :

— Je rumine, donc je vous embouse. Pour

la borne kilométrique, je suis borné, donc j'indique. Et pour le grand chêne de la pensée, on ne m'abattra pas de sitôt avec ces preuves par l'existence. Car le colin est la preuve du colin, comme Giscard est la preuve même de Giscard. La preuve, il parle comme la plus grosse firme mondiale de location de voitures, Hertz, dans ses dépliants de publicité : « ... Soyons logiques, si vous ne trouvez pas en nous quelque chose de plus, nous ne serions pas arrivés à la position que nous occupons. » Un autre ferait la même annonce. De même, Giscard peut-il proclamer : « ... La preuve que je pense, c'est que je suis Président, et tout ce qu'un Président affirme se change par conséquent en pensée, comme la prééminence de Hertz se prouve par Hertz lui-même. »

La tautologie, c'est la prosopopée de la néologie. Hertz ou ne pas Hertz. La difficulté d'être s'efface dans l'outrecuidance de la présence. A l'infinitif métaphysique se substitue l'occupation infinie de l'espace marchand et politique. Ontologie de la nullité : après la preuve par neuf de nos maternelles, voici venir la preuve par le zéro de la décrépitude publique. J'en casse mon boulier. Etre, c'est se gonfler comme une outre de néant. On se vautre dans la fange de l'essence dilatée. Oh, pur sophisme de la parole efficiente ! Plus elle donne pour être, plus elle est...

Comme je rencontrais Victor Hugo sous les tilleuls de la place des Vosges, où j'habite, je l'abordai.

— Comment m'avez-vous reconnu ? me demanda-t-il.

— Cela fait longtemps que je vous cherche, la mémoire des lieux se devait de produire votre fantôme.

Intéressé, le vieillard à petites lunettes cerclées de fer, au vaste front bombé, se gratta la barbe.

— Tous les matins, vous traversez le square, passant sous mon balcon, insistai-je, je vous ai couru après. Mais toujours vous vous engouffriez dans la porte cochère du 5, le musée Victor-Hugo.

Avec leur air ahuri, devant mon interrogation essoufflée, les gardes ne me facilitaient pas la tâche.

— Où est Victor Hugo ?

— Nous, on n'en sait rien, il est enterré au Panthéon.

Et puis, soudain rendus méfiants par mon air hagard, ils chuchotaient entre eux.

— Il ferait mieux d'aller se faire soigner, celui-là.

La vraie santé hallucinatoire, je vous le dis, c'est le droit de suite dans les idées. Je m'obstinais. Enfin, réussissant à lui mettre la main au collet, je ne lâchais plus. Heureusement, cette fois-ci, le bonhomme poésie, aïeul de la grande polémique romantique, accepta de me répondre, en vrai maître à penser.

— Vous, vous n'avez pas de chance, mon enfant, ce XXe siècle est pourri...

— Quoi ?

— Il sent le colin.

Et, ouvrant son cabas à provisions, il me montra son marché, des poissons emballés dans le papier glacé du *New Observator* déchiré.

— Je cherchais des titans, Robespierre, Murat, Napoléon, ou son neveu Badinguet, mais on ne trouve plus que des colins. C'est la famine spirituelle...

Sa métaphore, il en déplia la corolle.

— Nous, au moins, nous avions du matériel. Nous brandissions nos trophées, nos tableaux de chasse, les boucheries regorgeaient de sang impur pour abreuver nos sillons poétiques, le soleil d'Austerlitz et la plaine de Waterloo, 1848 et la Commune, le vice s'appuyant sur le crime, la merde débordant du bas de soie. On vous a appris tout cela en classe, avant Saulnier-Sautée. Le bagne ou l'exil, Jersey. Bref, j'en ai bavé, mais c'était le pied, le grand trip, on se défonçait à l'histoire.

Découragé, songeant à mon libelle, je m'assis sur un banc, prêt à renoncer. Mais Victor Hugo me remonta le moral.

— Vous, vous avez l'insolence du talent.

Je protestai. A peine.

— Vieux flatteur, va, vous soignez votre image de postérité. Encore que si vous pouviez écrire un article sur moi, cela arrangerait bien mes affaires. Tous ceux que j'écorche seraient bien obligés d'en tenir compte, les fientes à gilet rayé, les censeurs de presse, et la presse autocensurée, sans oublier les boutiques de sparadrap sur la bouche, de bâillon dans le gosier, et de tampons de chloroforme pour endormir la vigilance du lecteur. Oui, quand je me promène dans les rédactions, mon odorat pourtant si sensible, comme chacun sait, ne distingue même plus les relents du colin de ceux de l'éther... Mais, avec vous à mes côtés, vous vous rendez compte du lancement !

Déjà, je me voyais déclarant à mes parents :

— Ne vous en faites pas, parents chéris, Victor Hugo m'a promis un article sur le livre, dans *Le Monde.* Fauvet est prévenu. Il n'en coupera qu'un tiers. D'ailleurs tous les grands hommes me soutiennent. Chateaubriand qui n'aime pas non plus Giscard, ira de son couplet dans *Le Figaro Magazine,* Rochefort et Vallès dans *Libération.* Avec Lamartine, depuis son *Histoire des Girondins,* je suis sûr de la presse régionale. Il donnera le coup d'envoi dans *Sud-Ouest...*

Mon père aurait soupiré, déjà résigné :

— ... Tout ceci ne nous rassure guère.

Bref, je convainquis l'illustre vieillard, qui sortit de sa redingote un cahier d'écolier tout écorné, une plume d'oie, et une petite fiole d'encre violette, pour tracer quelques mots en maugréant.

— C'est bien pour vous faire plaisir. Et puis, vous me passez la rhubarbe, vous aurez le séné, un bon renvoi d'ascenseur, n'est-ce pas ? Enfin, comme vous aimez l'océan...

Voilà qui est réglé. D'ailleurs, en mon dénuement, je le citerai plutôt deux fois qu'une, ce qui sera fait, je vous le jure, en conclusion de ces pages. Mais ne les tournez pas d'avance, lecteur hâtif, je vous en réserve la surprise, au fond de notre propre tombe. Car nul n'échappe à son destin, et si, d'infortune, vous devenez colin vous-même, un œil éternel vous guette... Au moins pourrai-je, à mon tour, vieillard hâve, abandonné de tous, être celui que les enfants désigneront du doigt, en se moquant de lui, dans la rue.

— C'est un fou. Il se prend pour Jean-Edern Hallier.

Oui, il me restera toujours le loisir de tendre à la lumière blafarde de l'aube et devant mes yeux usés ces feuillets jaunis, où Victor Hugo écrivant un certain après-midi, sous la statue de Louis XIII à cheval, insufflant subrepticement sa rime à la mienne. Rêvais-je ? Lisais-je, ou imaginais-je ? Toujours est-il qu'Hugo essaya bien de me vendre sa salade, assaisonnée à l'huile d'arachide, mais le ton des châtiments restait inimitable, et je suis obligé de reproduire ses vers tels quels :

«Echevelé, livide au milieu des tempêtes
Le Colin s'effrayait de son propre miroir
L'Anémone livide et ses fils hors d'haleine
Lui dirent : "Couchons-nous sur la terre [et dormons."

Je veux habiter sous la terre
Comme dans son sépulcre un homme
[solitaire
Rien ne me verra plus, je ne verrai plus rien
Quand il descendit seul sous cette voûte
[sombre
Quand il se fut assis sur sa chaise dans
[l'ombre
Et qu'on eut sur son front fermé
[le souterrain
Un œil de colin froid s'entrouvrit
[dans la tombe, et regarda Colin. »

Alors il redressa la tête. Un coup de vent éparpilla mes papiers. Hugo s'était éloigné, semant de sa vaste redingote des grains pour les pigeons. Qu'allais-je faire ? Continuer, bien sûr : faire quelque chose de rien. Toute matière aspirant à sa forme, selon Aristote, j'étais ce dieu, ce sculpteur de néant, ce Phidias, venant à point nommé pour changer l'informe Giscard en colin froid. Sans moi, qui s'en serait souvenu ? D'ailleurs, pour une fois, vous vous êtes trompé, Valy, en déclarant : « La postérité ne gardera aucune image de moi », car il en subsistera au moins une, celle d'un colin froid. Pour le reste, que dire de vous, que vous ne disiez vous-même en l'aveu consternant de votre insuffisance. « Des livres clés, des maîtres à penser, je n'en ai eu aucun. » Vrai, tout était dans la pose, la leçon de maintien, des thés chez Basile au cours de danse chez Baraduc. Du bicorne noir de Polytechnique à la pêche aux bigorneaux, des premiers boutons de jade mandarinaux aux week-ends de réflexion à Authun — ... Tu ne sais pas grand-chose, dit la duchesse. Et ça, c'est un fait, comme impérissablement nous le rappelle Alice au Pays des Merveilles, ces dernières, maigres merveilles, vaches transies de déférence béate, étant de constater qu'il suffit de courir le long des rails de la voie royale de l'éducation, le conformisme absolu nous roulant sur les prébendes des grandes familles, pour finir par tamponner en douceur le butoir d'or du grand hangar de l'Elysée. Ça va, Président ? A l'heure où j'écris ces lignes, à quelles corneilles bayez-vous ? Le mobilier national vous inspire-t-il, pour votre prochaine conférence de presse télévisée, une de ces nouvelles parenthèses de votre français incertain, douteux, répétitif, bourré de tics, thésaurisant ses concepts en creux pour riper sur les bordures.

Afféterie absurde de la Précieuse ridicule ! Compliquez pour paraître savant. La maturité venue, vous avez un devoir : revenir à l'épure, en nous débarrassant des poncifs tarabiscotés dont vous accabliez votre entourage pour l'épater — ... on ne comprenait pas un mot, ça marchait à tous les coups, se plaignait un de ses cousins. De Trissotin vous êtes soudain devenu M. de la Palisse, plus la distanciation. Ecoutez-vous vous-même — ... Badame, Bademoiselle, je vous dirai trois choses, la première, je suis un colin, la seconde, colin je suis, la troisième... changeons de chaîne. Pas de chance, programme unique — ... A cet égard, colin je resterai, pérorerez-vous. Navrante dissection de la langue d'un président. A cet égard, pas moins de soixante-dix-sept égards par heure de conversation. Par beau temps, on ne s'en aperçoit pas, mais par temps pluvieux, pas moins du double... Car il s'agit bien ici d'un dévoilement révélateur du substantif du vieux français, esgardez. Es et gardez, l'étymologie paramnésique vous révèle tel qu'en vous-même ; conservateur et conserveur. Vous prenez en « considération » ce dont vous n'arrivez pas à vous rendre propriétaire. D'où cet égard perpétuel, un égard pour tout désigner : égard-croissance, égard-flux monétaire, égard, voici qu'à mon tour je m'égare... Il y a une chose au moins que vous ne prenez pas en considération, c'est la langue française elle-même.

Mais je ne puis aller plus avant sans agripper encore une fois le bonhomme Hugo par les basques.

— Et ma petite phrase, pour mettre sur la bande ? Quelque chose de simple, de percutant.

— Continuez à écrire, finit-il par me répondre, je contresigne tous les éloges que vous formulerez envers vous-même, car vous affrontez toutes les difficultés, dont la plus grande est la non-existence vertigineuse de ce Giscard. Ecrivit-on contre Deschanel ou Lebrun ? Giscard, c'est pas même Fallières... On glisse sur les écailles.

Soudain, je compris. Hugo, adossé à la grandeur d'un siècle dévergondé et tragique, le XIXe, ne pouvait plus rien m'apprendre que je ne sache déjà. Moi, si j'avais choisi de naître en une époque où mon tempérament se serait le mieux épanoui, j'aurais oscillé entre la Renaissance et le XVIIIe. Dans le premier cas, florentin ou doge, Laurent de Médicis ou Machiavel, les choses eussent été simples, mais dans le second, Diderot ou d'Alembert, je me serais heurté à Louis XV comme Giscard ! Ici, comme là, j'aurais pressenti. Et m'empoigne l'esprit, cette mémoire de l'avenir, le même désastre. Et me voici prophétisant, trente ans avant la Révolution de 1789, la venue des nuages noirs au fond de l'horizon. Levez-vous, orages désirés ! D'Ossian à Chateaubriand, une seule fièvre d'attente rassemble quelques individus dont le mot commun sera toujours : vouloir éperdument le pire. En notre avant-guerre, nous n'en finissions pas d'attendre la guerre. Incorrigible esthétisme ! Mais franchissons les siècles ! Et poursuivons notre route sous le crachin maussade de la médiocrité car le baromètre est bloqué à la couleur : gris libéral.

Quand on est en charge du bien public, ou du bonheur des peuples, faut-il croire que dans les démocraties bourgeoises il n'y ait point d'autre panacée à la crise que le libéralisme ? Déjà, en 1821, il avait ses utopistes, tel Saint-Simon déclarant : « Ce n'est plus d'être gouvernée que la nation a besoin, mais d'être administrée. » Le premier théoricien de l'âge industriel travaillait déjà pour les colins froids. Que n'a-t-il pas deviné plus tôt que la liberté ne s'administre pas ! De même, ce qui distingue du totalitarisme le libéralisme, c'est que le premier, fabriquant des hommes standardisés, se dispense aisément des autres. Tandis que le second, la théorie n'étant pour lui qu'un discours vide, on ne peut se passer de l'homme lui-même : tout commence et s'achève en lui. Que l'homme défaille, et la doctrine vole en éclats. Le libéralisme n'est plus dès lors qu'un totalitarisme administratif, technocratique et bureaucratique, à l'image de celui qui infeste notre pays. Le ressort inavoué de son irruption s'appelle : l'incompétence giscardienne. La raison avouable, elle, se proclame : primat de l'économie. Elle est ce qui rend son libéralisme même dérisoire. Car s'il est bien une doctrine politique qui exige des hommes supérieurement libres, affranchis des préjugés, imaginatifs, courageux et moraux au plus vaste sens du terme, c'est bien elle, libérée au XVIe siècle des décombres de l'univers ancien du Moyen Age, et ne cessant depuis de s'enrichir de l'âme européenne. Or, seuls les plus grands empiristes créateurs de formes, immenses brasseurs de la tourbe humaine, hommes de défi et de résistance, ont le droit de porter ce titre de libéraux : Léonard de Vinci, Michel-Ange, Churchill, Jean-Edern Hallier. Pas Giscard, dont la caricature mondaine ne cesse de se féliciter d'être là où elle est... « Je me poudre, donc je suis. »

Et nous, de l'avoir dans le dos ! D'ailleurs, tout va-t-il si mal ? Pour les exportations de brosses à reluire, ne talonnons-nous pas le Japon ? Pour le bigarreau égoutté, nous n'avons pas de rivaux, je vous le dis ! Nous prêtons aux Africains pour qu'ils se rattrapent sur le y'a bon Banania. Après, ils pourront nous cirer les pompes au Lion noir. Bref, pour bidonner, nous ne craignons personne. D'ailleurs pour le routloukoum de la Drôme, le nougat de Montélimar, l'Egypte en redemande, et le Koweit en est affamé. Nos travaux publics ne sont pas en reste ; le métro de Santiago et l'oléoduc du grand-duché de Luxembourg sont en bonne voie. Quant à la *pijo 504* d'Abdallah ? De Mostaganem à Sumatra, elle est imbattable. Mais peut-on juger une nation sur sa balance commerciale ? Toute la question moderne est là : « Nous sommes à un tournant de notre histoire », s'écrie le président Carter, le 16 juillet 1979, tentant désespérement de reprendre la barre des Etats-Unis d'Amérique. Crise de l'énergie ? Non. Crise de la balance : deux poids, deux mesures. Plus la théorie libérale pèse, plus la mesure de l'homme s'allège. Plus la nature de nos gouvernants se fait évanescente, de Carter aux dents blanches à Giscard les mains palmées, plus le poids du colin se fait sentir sur la nation...

Alors, pourquoi entreprendre cet essai, si la fadeur du personnage qu'il est censé décrire l'entraîne à sa propre perte et lui fait courir le risque de l'insipide ? En ce sens, Hugo a vaincu Badinguet, cet arriviste rusé, par la comparaison sans cesse entretenue avec son oncle Napoléon Ier ; mais le colin, lui, m'aurait-il eu par contamination ? En effet, dès que je l'analyse, les mêmes adjectifs reviennent à la seule aune du jugement juste. Qu'on les énumère — passable, supportable, vain, commun, fade, insipide — les voici qui reviennent, se mordent la queue, n'ont d'autres références qu'eux-mêmes et tournoient sur fond de néant. Oui, pourquoi ? Ce vide libéral, c'est sa suprême force. Et pour cette raison, ces pages méritaient d'être écrites ?

— Bah, vous pourrez toujours avancer que votre grand art, c'est d'être le dessinateur féroce, le Daumier des hommes abstraits de l'économie, consentit enfin à écrire Hugo, en marge de la page quadrillée, avant de déclarer, en me tendant le cahier : Bon vent... Allez-y tout seul !

Et déjà il s'éloignait, mon vieux complice. Pourquoi me serais-je accroché à sa redingote ? De lui, je venais de tout apprendre, du père spirituel de nos républiques civiles et obligatoires. Sa vie. Des magouilles et déshonneurs, des coups durs, bien sûr, mais l'immense compensation : la gloire. Dans le dialogue renouvelé de l'histoire et de l'âme charnelle, j'entends toujours ces phrases de Charles Péguy : « Ce Hugo, tout de même, quelle fortune ! » Un regard indiciblement neuf, non émoussé, pas écrasé sous la plombagine et la sauce, et l'estompe, et la gomme et la mie de pain. En un sens, un des plus grands monteurs de coups que la terre ait portés.

Ce dernier truc, ce tour de force de l'invisible, blague d'éternité, longtemps je crus me l'être figuré à moi-même, en quelque artifice littéraire, jusqu'à ce que l'évidence tranquille de sa pérégrination, tous les matins, sous mon balcon de la place des Vosges, ne m'en rappelât cette autre : sans le regard sauvage où se déchiffrent les matins triomphants, les sorties d'aubes incroyables, rien ne se peut. Toutes les fleurs sont les premières fleurs de la vie, les vagues de l'océan, rouleau après rouleau, toujours les premières, et le dernier Giscard venu sera toujours notre premier colin froid nageant vers les oublis et les gouffres. Vers les oublis ? Hélas, mon livre le rendra éternel !

Pourtant, quel gaspillage de talent, cet Hallier ! Quelle virtuosité acquise, magnifiée par le dépit politique ! On l'avait nommé ministre de la Culture, il aurait mis son génie au service du régime. A supposer que j'en eusse... Mais je est un autre. Que voit-il ? A quoi rêve-t-il ? Insondable est ma tendresse pour cette jeune suicidée, aux yeux de myrtilles et à l'haleine de menthe, dont les derniers mots furent avant de s'ouvrir les veines : « Je jure de m'éblouir. » Moi, je saigne, au poignet d'où j'écris, si fort que la page se déploie soudain en un grand rougeoiement crépusculaire de soleil couchant, se fondant sous les briques roses des hôtels Louis XIII.

Les yeux perdus, je rêve. Des pétards claquent sous les tilleuls, des pigeons volent, s'esbaudissent de ciel, fiente déversée sur le zinc des gouttières... Quand en aurai-je fini de m'admirer moi-même ? L'important, c'est que d'un narcisse à l'autre, de Giscard à moi, nous ne nous contemplions pas dans les mêmes miroirs. Le mien renvoie à l'abîme, à une frange intraversable de nuit, d'où émerge la main inlassable, traçant les signes adventices de la création. Espace fracassé, dont les débris obscurs s'incrustent en mes orbites. Quant au sien, ce n'est jamais que le dédoublement, à plat, d'une image plate. Un Narcisse de Magritte se reflétant dans un cadre sans miroir. Ni le relief, ni la distance ne sont perceptibles. Ou bien le modèle se contemple dans la glace, poudrant ses ailes de nez, effilant ses sourcils à une seule fin : être la copie conforme de la marchandise qu'il veut vendre — trench, ou duffle-coat pour les collections d'hiver, feutre à aigrette pour les chasses en Sologne. A ce catalogue du Harper's Bazaar des figurants abusifs du théâtre d'ombre de la politique occidentale, Monsieur France, c'est vous, été comme automne, feuilles mortes ou edelweiss pour toutes saisons, pour neuf ans encore, puisque vous allez rempiler dans le prêt-à-porter tricolore, sur fond de tissu synthétique de drapeau...

Au fond, je le dirai, vous avez tout du portemanteau. Votre seul avantage sur cet objet : vous n'acceptez que les chandails à col roulé, les complets bleu pétrole, ces robes prétextes de la pantalonnade présidentielle. Instrument du bon choix, si je puis dire, ce côté sélectif vous distingue. Pourquoi n'aurais-je pas le droit de poser mon veston de velours sur ce portemanteau ? Misère, que de devoir être le porte-plume d'un vulgaire bois à habit ! Mais chacun porte sa croix, sa peine, son lourd fardeau de chimère. La vie est un Golgotha de portefaix, porte-tout, bougies, étrivières, serviettes, clés, dais, porte-malheur et tout le bataclan. La procession du mont des Oliviers est menée par des sans-culottes, mais porteurs de n'importe quoi... car seule la bretelle est dispensée au titre de porte-pantalon, puisqu'en son nom propre, élastique, elle n'a pas à s'accoler à elle-même ce pauvre substantif. Au reste, le tout n'est qu'un pur exercice critique. Après, chacun s'écriera : « Le Président est nu ! »

Mais revenons à notre portemanteau. Pour l'heure, tel qu'on l'habille, c'est le modèle passe-partout, catégorie cinquantaine avancée des magazines de mode, l'homme sans qualité par « excellence », les ayant toutes sucessivement, puisqu'il n'en a aucune. « Je suis plutôt maigre, dit-il, assez décidé, assez gai, assez chaleureux. La beauté, je n'en suis pas juge. »

Bref, c'est un acte de candidature, une

demande d'emploi de danseur mondain réitérée, pour le même charleston. Gabarit : second âge du jeune cadre dynamique. Prêt à resservir...

C'est bien là, sire Colin, votre plus redoutable force. On peut vous exhiber de New York à Tokyo, comme le mannequin vedette d'un défilé de mode — série jeune président. On peut vous présenter à Nevers ou à Libourne, à Brejnevgrad ou à Ouagadougou pour les dernières collections électorales : série achetez giscardien. On peut mettre la sono, ou la baisser, vous passer, ou vous repasser à la télévision, vous possédez l'atout suprême, celui que possèdent dans leur manche les hommes fabriqués par le totalitarisme et les mannequins. D'un côté, ne plus rien *être* à cause de l'idéologie, de l'autre, n'être plus *rien* à cause de la mode. Pourquoi vous remplacer ? Demain, on mettra le même. Mieux, pourquoi vous jalouser ? Vous avez beau passer pour très riche, on ne vous envie pas vraiment. « J'appartiens à la catégorie aisée », ajoutez-vous avec la même indigence de vocabulaire.

Comme qui dirait, aux rayons de la Samaritaine, catégorie homme bon genre, plutôt au-dessus de la moyenne. Pas trop raccourcir les revers, s'il vous plaît. A l'impératif catégorique de Kant, lc commandement obligatoire de la morale, succédera donc le catégoriel de marché. Et au — tu dois parce que tu dois — l'axiome antihypothétique — mets-toi dessus, parce que tu te mets dessus — va donc, grand dadais ! Tes frusques, on ne te les prendra pas ! Pourquoi ? Pour une raison toute simple : ce sont les cravates et les vestes que l'on lorgne. La concupiscence populaire ne s'adresse pas à vous, mais aux attributs de vos pouvoirs. Ces tenues de ville, ces foulards ne vous appartenant pas plus en propre qu'au mannequin de la firme « Présidence and Cie », les habits et le salon d'essayage.

De même, le plus grand artiste du monde, Rembrandt ou Vélasquez, s'acharnerait-il à vouloir reproduire vos traits, à les déplacer insidieusement, les infléchir de vie, d'un rayonnement propre, ou de passions inavouables, qu'il laisserait à la fin reposer son pinceau. Vous n'êtes bon que pour l'art moyen : la photographie, et encore ! Mais pour le grand art, vous ne valez rien. Pas impénétrable, mais vide, pas inquiétant, mais inconsistant — en somme, la figure idéale de l'emploi. Président, pourquoi pas ? Banquier, pourquoi pas ? Commis en épicerie ? Electricien ? Plombier zingueur ? Pourquoi pas n'importe qui ? Le protée absolu — à condition que la fonction s'inscrive dans le répertoire catégoriel. Narcisse, oui, mais protoplasmique — comme en sculpture, une monture. Et pour le portemanteau, il suffira de le rhabiller, de le planter dans un champ, pour qu'il se change en épouvantail à moineaux. Oui, qui voudrait s'emparer de ses défroques ? Saint François d'Assise de miroir aux alouettes, rien ne va plus : les semailles du pays ne se changeront pas en moisson sous prétexte que vous aurez feint, en agitant vos bras à la télévision, de les avoir sauvées des prédateurs. Avec vous, le blé ne lève pas. Et si le grain ne meurt, en revanche, il y a fort à parier qu'on le retrouvera en corbeille d'épis artificiels pour quelque inauguration du club France-Amérique. La Beauce sous le Texas, notre orge sous leurs corn-flakes, en des silos yankees. D'ailleurs, outre-Atlantique, on vous en sait gré d'être si docile : la presse, de New York à Los Angeles, ne vous mentionne même plus, et les correspondants étrangers sont retirés un à un de Paris. Grâce à vous, les grands patrons des médias américains font des économies.

Bien sûr, jouant sur le protocole, vous vous rattrapez sur la courtoisie contrainte des confrères — conférences de presse, tournées présidentielles s'inscrivent dans la prospective calendrière. Ce n'est plus « ...On va faire le compte rendu ». C'est « ...On ne peut pas ne pas le faire ». Deux négations aprivatives comblent votre insatiable appétit de représentation. Culte de l'impersonnalité que vos porte-serviette appellent : « Votre bonne image à l'étranger. » La meilleure image, le choix incessant des clichés, les poses, tel est votre seul souci. Le colin sous la neige en Roumanie. Clac. Nouvelle séquence : le colin en paréo à Tahiti. Clac. Le colin en culotte tyrolienne, en Autriche. Colin toujours, clac,

clac, sur fond de flou artistique, cela va sans dire. Le colin massacrant la gazelle de Bokassa ? Oh non, Anémone, vous n'y pensez pas ! Ça vote, la SPA ! Heureusement, je possède, moi, ce cliché fabuleux : un colin, fusil fumant, et pied écrasant la gazelle. Je le reproduirai un jour. L'univers, pour vous, n'est qu'une vaste pellicule où l'insignifiance s'imprime. Quelle sera la prochaine image aimable ? Mieux qu'un terme de mode, du cadreur au maquettiste, c'est là un calcul politique. Car, pour ce Narcisse trompeur, faussement indécis, que le monde soit en image ou s'en orne continuellement ne suffit pas. Le nec plus ultra : substituer l'image au réel. Peu importe l'injustice, si le pays renvoie l'image de la justice ! Et si l'image veut le réformisme, l'ouverture au centre gauche, seule compte l'impression à produire au détriment des faits. On en est quitte pour l'image — puisque nul ne pourra vérifier, ou protester. Une fois de plus, le réel fera les frais de l'illusion. Mais on n'irrigue pas un désert avec le mirage d'une oasis ! Pas plus qu'on ne conduit le changement social en hallucinant ce qui change, tout en ne changeant pas ! Baste ! Puisque tout est dans l'image, seules les taches sur la pellicule gênent — ainsi, un tout petit colin Bussereau se plaignait-il récemment de l'intrusion de la nouvelle droite dans la vie politique, craignant non point qu'elle fût vraie ou fausse, mais altérât l'image du Président, qui est, nul n'est censé l'ignorer, de centre gauche. Impudence de grouillot ? Non tout le système giscardien s'y trahit : peu importe que la montre prenne l'eau, si l'image de marque s'appelle, elle, Waterproof. Que l'on vienne à s'en plaindre, on vous rétorquera avec morgue : « Voyons, messieurs, c'est là l'exception qui confirme la règle. » Y aurait-il des millions de montres au mécanisme détrempé, ce seraient toujours des exceptions ! Giscard appartiendrait-il à la droite la plus réactionnaire ? Prouvez-le donc : une image légèrement voilée ne saurait démentir le touchant chromo du régime. Son culte : l'image. Son maître mot : le marketing. Son code : l'universelle tromperie.

Pourtant, je ne me trompe pas quand j'affirme : « Giscard est un portemanteau. » Mais ça ne se fait pas de mettre un portemanteau Président de la République. Alors, il ne faut pas que cela se sache. Secret d'Etat ! L'observateur patenté chuchotera : forcément, faute de pouvoir croquer publiquement des portemanteaux, on se rabattra sur les colins. Mais la vie nous réserve bien des surprises. Sans cesse, je croise l'inouï. Mais la peur du ridicule nous arrête. Moi, pas plus tard qu'hier soir, en allant acheter mes trois livres de colin quotidiennes, j'ai rencontré, en plus de Victor Hugo et de Bismarck en personne, une machine à vapeur dévergondée, un chat-huant, et un rutabaga des années quarante. Divagation surréaliste ? Pas du tout : logique mathématique. Venons-en donc au terme même de ma démonstration : je suis libre de rencontrer n'importe qui, Constitution de 1789 oblige, mais ne le suis pas d'entretenir des relations avec un loup au fenouil, une carotte râpée ou un portemanteau. Non que cela soit inconvenant. Ça n'existe pas, un Bismarck au fenouil ! Pourtant, rien n'est moins sûr. C'est toujours le fameux quant-à-soi, la fausse pudeur qui vous arrêtent. Par exemple, saviez-vous que Staline n'était qu'un dé à coudre ?

Je le tiens d'une personne digne de foi, bien intentionnée, dont les conseils me sont d'un grand secours. Car je n'attends rien tant de mes mauvais génies que d'en avoir parfois un peu... Bref, à la conférence de Yalta, Roosevelt s'aperçut que Staline était un dé à coudre, mais il se tut pour ne pas compromettre la discussion. Le traducteur de Roosevelt l'observa aussi, mais comment aurait-il osé le dire au Président américain ? De son côté, Churchill se fit la même remarque en son for intérieur : « Tiens, marmonna-t-il, en mâchouillant son cigare, Staline est un dé à coudre ». Qui l'eût cru ? Quant à l'observateur envoyé par le général de Gaulle, absent, seul cet argument de prudence l'empêcha d'avertir le chef d'État français : « Il va le dire à haute voix et on va encore l'attaquer pour sa folie des grandeurs. » Mais le général eut tout de même le bon sens d'avertir son chef de camp, de qui remonte cette confidence chuchotée, plus tard : « Je n'ai pas révélé que Staline était un dé à coudre pour ne pas renforcer Roosevelt. » Quant aux correspondants de presse, qui remarquèrent tous, bien sûr, que Staline était un dé à coudre, pour l'avoir reluqué des heures durant, pas un seul n'eut l'idée d'en faire la manchette de son journal. Non qu'ils n'eussent estimé la nouvelle phénoménale : mais ils souffraient déjà de cette maladie moderne de la presse : l'auto-censure.

De même, serait-il tout à fait impensable, aujourd'hui, qu'un journaliste nous révèle que le Giscard n'est qu'un colin froid. Pourtant, il l'est à la même échelle qu'une carotte râpée, un loup au fenouil, ou un dé à coudre. Seulement, voici : motus et bouche cousue.

Pourquoi Colin ? Parce que tout est fiction vraie : souvenez-vous du dîner du général Guillaume raconté par Malaparte, dans la Naples de 1945. Les Américains occupent la ville, les mines allemandes explosent toujours, et il arrive que des goumiers imprudents, soldats marocains en goguette, sautent aussi. Au cours du repas le général met en doute la véracité de *Kaputt,* récit du voyage de Malaparte, correspondant de guerre en Russie :

— Est-il possible que tout n'arrive qu'à vous ? Moi, il ne m'arrive rien.

L'écrivain met le nez dans son assiette, dégustant son plat, tout renfrogné. Enfin, il déclare :

— Je vous prie de m'excuser si tout à l'heure à cette table il m'est arrivé la chose la plus extraordinaire de ma vie. Vous ne vous en êtes pas aperçu car je suis un hôte bien élevé.

« Dans la saveur chaude et vive de la chair du mouton, poursuit-il, j'ai senti soudain un goût douceâtre, et sous mes dents une chair plus froide, plus molle. Je frémis d'horreur. Dans la semoule je vis pointer un, puis deux doigts, et enfin une main aux ongles pâles, une main d'homme. »

Les convives sont blêmes, le regardent avec des yeux hagards. Or ce n'étaient que des petits os de mouton disposés avec art. Mais l'analogie fulgurante est celle de toute grande littérature. Là où les autres ne voient rien, il faut inventer une autre dimension de la composition. « La main du goumier », c'est précisément cette qualité spécifique de l'imagination qui fait défaut à tous les colins. Et, moi, je les ai rencontrés. Et vous aussi. Car il n'est point de figure mentale qui ne puisse s'incarner. Point de réel qui ne soit possible bestiaire des songes. Pardi ! Il me suffit de marcher au-delà des planches de Deauville, d'escalader les digues de la marina pour tout appréhender, en contemplant l'eau, du visible et de l'invisible, du social et de sa métaphore.

Dans les perspectives où se reflètent les fenêtres des villas en bordure du port artificiel, je contemple, fleurant bleu le clapotis en dessous, la vie comme elle passe dans le pays. Pays immergé, noyé, que les prophéties de Dostoïevski, dans les *Mémoires écrits dans un souterrain,* actualisent cruellement : donnez à l'homme toutes les satisfactions économiques, de façon qu'il n'ait plus rien à faire qu'à dormir, avaler des brioches, et se mettre en peine de prolonger l'histoire universelle, comblez-le de tous les biens de la terre, et plongez-le dans le bonheur jusqu'à la racine des cheveux : des petites bulles crèveront à la surface de ce bonheur, comme sur de l'eau.

Telle est notre onde, gazeuse.

Monsieur le Président, vous êtes un exercice périlleux, le pamphlet le plus difficile qu'il ait été donné d'écrire, l'apothéose périlleuse de l'art pour l'art... A modèle nul, chef-d'œuvre impossible. J'ai beau vous inscrire en pleine page, le glacis boit mon encre, vous vous effacez. Comment faire, ô Racine, quelque chose de rien? Buvard, éponge, ou la serpillière torchent ce néant. Comment sculpter, tailler le vide, piétiner l'incertain, ou découper dans un nuage le tissu du réel? Comment figer le clapotis saumâtre d'une inexistence? Quelle gelée inventer? Goya, ou Daumier, n'auraient pu vous évoquer, ni Rembrandt ou Vélasquez vous peindre. D'ailleurs aucun de nos caricaturistes modernes ne réussit à tracer de vous le portrait qu'on serait en droit d'attendre d'eux : vous découragez le talent, par désespérance. Vous êtes l'homme de la cinquantaine avancée des magazines de mode, le modèle passe-partout, à l'écaille visqueuse et à la queue souple, posant pour les duffle-coats et les culottes de chasse, les lodens et les parfums Lancôme. Homme, oui, homme-colin, vous êtes l'homme sans contour, le colin en soi. Et même quand je vous contemple sur la photographie officielle des mairies, ce n'est là qu'une image arrachée dans un catalogue, c'est vous pour toutes saisons, été comme hiver, printemps et automne.

Et pour neuf ans encore...

Clac, demain Giscard au Canada. Clac, une nouvelle séquence, Giscard en Chine. Clac, Giscard en Argentine, ou en Autriche sur fond tyrolien, culottes de cuir, bretzels, bière blonde et flou artistique. Clac, clac, clac. J'en ai ma claque. D'autant que je ne vous aime pas. Cela dépasse les sondages, les analyses. C'est instinctif. Cela relève de la grande objectivité épidermique irraisonnée, la seule vraie, respectable : pour tout dire, je ne peux pas vous blairer. En vous, se combinent les aspects les plus exécrables du caractère français — cette réputation de légèreté et de suffisance dont ils jouissent à l'étranger, et dont vous, vous jouissez pour vous-même. Mais au rabais...

Ainsi le Français, selon Elie Faure : cultiver une invraisemblable ignorance des hommes et des choses pour ne pas tomber sous le panneau de la grandeur et de la nouveauté. Il y a le sens du ridicule. Par malheur, le ridicule est tout ce qui n'est pas lui-même en tant qu'individu, et la France en tant que nation. L'accent, la passion, l'originalité, la force, la profondeur, tout cela est ridicule. Et le génie, d'abord. Quand il accepte le génie, c'est pour ne pas paraître ridicule, alors qu'on commence à l'accepter autour de lui. C'est donc la règle. Et ce qui n'est pas ridicule, c'est ce qui ne sort pas de la règle établie par le Français. Par suite, le personnage officiel, gouvernant, militaire, professeur, fonctionnaire, prêtre, anonyme décoré, lui en impose uniquement. Il ne respecte les hommes qu'au travers des institutions... Le Français se tord de rire à l'idée que chez certains peuples on se met des anneaux dans le nez. Mais la déférence l'empêche de s'esclaffer devant un colin, dès lors qu'il est devenu Président de la République. Pourtant, il y a de quoi. Son moteur, son influx nerveux, son tissu électrogène, son nerf rachidien, même si comme chez certains poissons l'absence de tel encéphale a supprimé en lui tout sens olfactif, l'odeur de la France, oui, ne lui remonte jamais jusqu'aux muqueuses. Bref, toutes motivations tendent à une seule finalité : compenser vertiges de mondain par une surexposition incessante de son propre personnage sur la pellicule. Pourtant, vous êtes méchant. Je n'en ai pas la preuve. Mais vous avez un côté bonne femme, coups en douce, vengeances sournoises, rancunes tenaces de rosières dévergondées. En un mot : vous n'êtes pas franc du collier. Ou comme on le dirait d'une monture incertaine qu'elle est fourbe. Mais ceci relève de votre ondoiement naturel : il vous vient du monde aquatique — de votre laitance. Si les Français étaient vos alevins, rares seraient ceux qui survivraient. Comme vous les avalez vous-même, vous digérez sans effort ce qu'en une voracité indifférente vous avez gobé. Mais quoi de plus inoffensif et calme qu'un poisson, quand on le contemple ondulant doucement dans un aquarium ? C'est que la nature même de sa férocité indifférente est totalement étrangère aux humains. Vous ne les menacez pas, vous les anéantissez. Aussi êtes-vous particulièrement sensible à certaines critiques qui touchent juste : « Monsieur Mitterrand, vous n'avez pas le monopole du cœur », disiez-vous à votre adversaire lors de la campagne présidentielle de 1974. Mais comment Mitterrand n'a-t-il point bondi !

Déjà, le mot est énorme ! Ce mot est un aveu ! Le cœur ferait-il aussi l'objet d'un *monopole,* d'une opération boursière de multinationale à cœur ouvert ? Le cœur se monnaie-t-il ? Oui. Y a-t-il une bourse du cœur ? Oui. Comment avez-vous pu imaginer qu'il y eût un « monopole » du cœur ? Sanguinetti déclarait jadis : « Il n'est jamais vainqueur, mais toujours bénéficiaire. » Tout passe par le tiroir-caisse. Ah ! vous qui monopolisez les récoltes, soyez maudit entre les peuples, comme s'écriait saint Ambroise.

Oui, vous n'avez pas de cœur, vous avez une valve, un appareil de régulation pour irriguer un sang incolore, un peu visqueux, rare, inapte et pour cause à la coagulation.

Pour le reste, votre méchanceté ne m'inspire guère. Je la crains, mais comme un coup fourré dans une rue déserte et malfamée. Elle refroidit au lieu d'enflammer ce qu'elle touche — au contraire de la haine divine, celle de Yahvé, dieu vengeur des chrétiens et des juifs. Elle est celle, tout impersonnelle, que le monde impose à quiconque aura chatouillé son amour-propre. Vos conseilleurs en savent quelque chose. Des critiques que l'on vous adresse dans l'intimité, il n'en est aucune que vous ne consentiez à subir, pareil au mannequin pendant le maquillage. Mais pour peu qu'on ose vous les formuler en public, devant témoins, ou sous les sunlights, votre vanité ne les pardonne pas à l'impudent. Rage glacée, froide. Galvanisation de l'insuffisance. Votre cour n'accepterait pas les bouffons, ces diseurs de vérité — elle ne supporte que l'universelle bouffonnerie d'une société de révérence.

Un fou ? Pourquoi pas ? Car le fou, c'est vous. Ce héros de Maupassant, assassin et président du tribunal, notant dans son journal intime : « ... L'irrésistible besoin de massacre est en nous. » Etrange et savoureux plaisir que de tuer, d'avoir là, devant soi, l'être vivant, de faire dedans un petit trou, rien qu'un petit trou, de voir couler cette chose rouge qui est le sang qui fait la vie, et de n'avoir plus devant soi qu'un tas de chair molle, froide, inerte. Tel est votre bréviaire secret de chasseur et de valet. Valet ? Oui. Il suffit que Carter vous sonne pour que vous y alliez, le plumeau sous un aileron, le plateau sous l'autre. Tant de simulacres parasymboliques, de frénétiques branlochages frauduleux, pour répondre au grelot ! Des grelots, le roi des grelots, c'est vous... Même pas des bourdons ! De tout petits grelots que vous partagez dans l'office avec votre ministre des Affaires étrangères, Jean François-Poncet. Et si vous n'apportez pas vous-même votre petit déjeuner aux grands, les croissants et le café au lait, c'est votre sous-fifre, le Poncif, qui se fera rembarrer par le marchand de cacahuètes Carter, lui accordant tout juste un quart d'heure d'entretien. Car votre gouvernement à la comtesse de Ségur, genre fillette vieillie, coline ridée, l'Alice Saulnier-Sautée, Barre-général Dourakine, Peau d'Ane et Gribouille porte-serviette, toujours prêts à se jeter à l'eau pour rejoindre leur élément naturel, on ne les respecte pas outre-Atlantique. Vous avez beau les recycler dans les cerceaux avec leur culotte courte et leur béret, les week-ends, dans le parc du château de Rambouillet, ou les amener dans vos bergeries, ils filent du mauvais coton, de la lanoline, des déchets de pellicule, l'effroyable ersatz de ce que devrait être la légitimité d'un vrai pouvoir. Ils ont l'air gentils comme ça, me disait une fois Jean-Jacques Servan-Schreiber, fondateur de l'U.D.F. et colin repenti, mais ils sont effroyablement méchants. Si vous saviez ! Méchants, oui, comme des petites teignes, des sorcières maquillées en petites filles, les joues comme des pommes flétries et rouges. Ils vous ressemblent même s'ils n'ont pas réussi comme vous la mutation de colin-président. Je veux dire : d'eux se dégage un incoercible malaise, car ils ont poussé l'art du parodique jusqu'à l'odieuse caricature dont vous donnez le premier exemple. Etre ou ne pas être Louis XV, là est en effet la grande question qu'un colin froid se pose pour se donner une apparence humaine. Selon le prince Sixte de Bourbon-Parme : « C'est vrai, il en descend par une servante d'une maîtresse de Louis XV qui n'eut pas d'enfants. » Puis il ajouta : « Oui, il en descend, mais depuis il ne s'est plus arrêté. »

Comment un colin froid s'y prend-il pour affiner sa généalogie ? Quand on est soi-même un mannequin inconsistant, un poisson-modèle, on ne peut rien créer. L'astuce suprême consiste alors à enlever aux foules tout goût pour l'authentique. On pratique le pastiche, l'affadissement par le pastel, le recopiage falot, toute couleur délavée passée à la laitance et aux pores abdominaux du colin, si prompt à tous les mimétismes, cette faculté de s'intégrer à l'environnement par la coloration et la conformité. Ainsi, sur le damas vert tendre, couleur de la Méditerranée, au lendemain des pêches au lamparo, votre miroir de soie à l'Élysée, dans le salon où se détache une tapisserie de chasse Louis XV. Dans le vestibule, vous avez introduit un ensemble néo-classique — prudente faute de goût ou obsession — des statues, Vertumne et Pomone, sous les traits, bien sûr, de Louis XV et de Mme de Pompadour, venues de la Folie Saint-James. Ô douce folie ?

Non, je n'en crois rien. Les défenses d'éléphant de Côte-d'Ivoire, dans la salle à manger ou vos bureaux divers constellés de trophées de chasse et de gloire, m'inquiètent : je crains d'y déchiffrer les abîmes insondables de votre inconscient. Un autre Mai 68 secouerait le pays , vous feriez tirer sur le peuple du parc naturel d'Ile-de-France, cette réserve giboyeuse inavouée. Une nouvelle Commune s'instituerait, vous-même et les vôtres, ces Versaillais, n'hésiteriez pas à la noyer dans un bain de sang. Car vous êtes bien trop fragile nerveusement pour ne pas basculer. Quant aux vôtres, Barre et autres ministres, si sûrs d'eux, cassants avec les domestiques ou méprisants envers leur chauffeur — autant de petits indices révélateurs du peu de qualité humaine de leur maître — ils ne reculeraient devant aucune extrémité pour garder leurs écailles, je le sais...

Ne suis-je pas, à mon tour en train d'exagérer dangereusement ? Ce qui m'inquiète le plus, c'est l'affaiblissement de l'esprit démocratique du pays plongé dans une sorte de bain émollient préparatoire à la capitulation civique. Mais il ne faut pas croire : l'indifférence publique à la politique n'est pas spontanée, elle est le fruit d'une intense activité de la part de l'État, elle exige pour être entretenue tout un système qui consomme une énorme énergie, une prodigieuse attention. Or la décrispation est une science de l'étouffement.

Les résultats : une Université marginalisée, un Conseil constitutionnel à la botte, un Parlement inexistant, incapable d'opposer la moindre motion de censure, un Sénat dénervé, un art fonctionnaire réinjecté aux subventions du petit bonheur d'État, et des penseurs à la solde, les trois pouvoirs confondus, l'esprit des lois à la poubelle, Montesquieu au dépotoir. « France, ton café fout le camp », lançait une courtisane à Louis XV distrait.

Gâchis calculé ! Déliquescence savante ! Ainsi que l'écrivait Hugo de Napoléon le Petit, Badinguet : « Soyez fiers Français ! Levez la tête ! Vous n'êtes plus rien, cet homme est tout, il tient dans sa main votre intelligence comme un enfant tient un oiseau. Le jour où il lui plaira, il donnera le coup de pouce au génie de la France. »

Pour l'heure, Colin se contente de l'asphyxier lentement. On n'entend presque plus ses faibles pépiements. Oh ! bien sûr, ce n'est qu'un étouffement moral. Et je ne dirai pas de vous, comme le poète de Napoléon III : « S'il n'a pas ouvert le ventre aux femmes grosses, comme César, duc de Valentinois, s'il n'a pas roué vif, brûlé vif, écorché vif, crucifié, empalé, écartelé, ne vous en prenez pas à lui, ce n'est pas de sa faute : c'est que son siècle s'y refuse obstinément. » De même, le nôtre disposant de techniques autrement plus raffinées pour endormir, détendre les énergies, affaiblir les courages, la dissidence du dedans entre neuroleptiques, télévision, sous-culture journalistique et universitaire, peut-il se dispenser d'user de techniques aussi grossières. N'est pas Pol Pot qui veut. Les délices du Cambodge et des Ubu-roi staliniens appartiennent à la pure fantasmagorie. Il serait donc parfaitement inutile en Europe d'attendre la mise en scène de ces opéras sanglants comme dans le Tiers Monde. De même le désordre actuel ne saurait se comparer à celui qui dévasta le monde sous l'ère hitlérienne et le technocrate cauteleux que vous êtes sait que sa propre fin implique l'économie des moyens. Nous n'assistons pas à la fin naturelle d'une grande civilisation humaine, mais à la naissance d'une civilisation inhumaine ne pouvant s'établir que par l'universelle stérilisation des hautes valeurs de la vie. En ceci, Grand Frère, vous êtes un habile médecin expérimentaliste. A l'instar de l'homme qui rit dans les cimetières, vous batifolez dans ceux de l'esprit. Pour le reste, votre cousinage sanguinaire avec Louis XV se fait par la chasse. Seul l'inconscient est dévastateur, les compensations, donc, ne vous manquent pas, la psychanalyse faisant le reste. Bagatelles pour un massacre !

D'ailleurs, qui d'entre nous, dans ses songes, transpirant entre ses draps, n'a pas tué famille, mari, enfants ? Nos nuits sont d'épouvantables génocides ! Le danger est que vous puissiez, vous, le jour venu, les exécuter, entreprendre, à l'instar du comte Tsarov, de vastes chasses à l'homme. Je sais : la grandeur de l'homme est précisément l'éveil de sa conscience. Oui, chaque matin qui se lève est aussi une leçon de pensée glaciale et de clairvoyance fraternelle. Si ce n'était là le métier même d'un Président, il y aurait de quoi désespérer, une fois de plus, de la condition humaine. Mais elles n'en sont plus à cela près, les classes laborieuses. Depuis le temps qu'on les roule dans la farine... Il y a plus grave : je vous suspecte, par la concentration des moyens d'information, le refus du régionalisme, de volonté d'extermination systématique de la culture et d'un machiavélisme autrement plus pervers que tout ce dont nous pouvons avoir idée, l'idée de vous maintenir en place. Car si la France n'a pas eu son terrorisme, sa bande à Baader à l'allemande, ses brigades rouges à l'italienne, elle est en reste. Il faudra bien pressurer le pays, bâillonner toute parole libre, tout savoir vrai, celui d'une jeunesse plus avide de gai savoir que de vos sciences inhumaines et de votre faux laisser-aller. Ô perfide et souple vertébré ! Vous guettez impatiemment de nouvelles nuits bleues, nuits corses, nuits basques, nuits bretonnes, pour faire reculer le parti des libertés.

C'est bien là ce qui manque à votre pouvoir, pour instituer implacablement son espace judiciaire — et politique, rendu soudain béant par le rejet par plus de la moitié des Français de ses classes politiques. Maladie du pays légal, celle que vous lui inoculez l'empoisonne lentement, c'est l'arsenic même de vos vieilles écailles de faux noble. Tous n'en meurent pas, mais presque tous sont contaminés par la honte bue au goulot à petites rasades entre vos Trianon et vos bergeries. Moi, j'y laisse pisser les mérinos.

Honte, oui, de cette vacuité, de cette nation en creux par où s'écoulent toutes les passions, ces accus qui vivent au goutte-à-goutte de notre dépossession. Mais nous sommes quelques-uns à ne pas vouloir tomber dans le piège de la violence, cette perte de sang-froid qui vous arrangerait si fort — et pour le terrorisme, je n'en connais qu'un seul, celui de la vérité, qui accompagne la violence du verbe, et la scande, même si les tribunes se dérobent pour qu'il s'y exprime. « Ce semeur, cet ouvrier mystérieux qu'on voit le soir, au crépuscule, marchant à grands pas dans les sillons et lançant dans l'espace, avec un geste d'empire, les germes des semences, la moisson future, la richesse de l'été prochain, le pain, la vie » (*Napoléon le Petit*).

Et qu'est devenue la tribune France ? De quels frissons nouveaux tressaille-t-elle, depuis qu'à part Votre Grâce, seuls sont admis à y jacasser ces figurants abusifs aux yeux cernés par la lèche qui les agenouille sous la table ? Pour les frissons, ce sont des glouglous. Quand vous parlez, ce sont des bulles qui sortent. Et le bocal, le petit écran d'où vous débitez vos compliments d'un air perpétuellement enrhumé — « Besdames, Bessieurs, le plurâlisme veut que les colins... » Pas étonnant, à force de battre de la nageoire dans votre bocal, que vous ayez fini par y prendre froid. La morve qui vous coule des narines, ce sont des algues. De même, si vous n'avez presque plus un poil sur le caillou, c'est parce que l'eau et le sel ont rongé votre chevelure.

Mais vous venez de loin, je le sais. Ah ! comme elle est lente, la montée de l'espèce humaine ! Du dévonien au jurassique, du premier balbutiement de la vie au cétacé, des milliards de siècles nous contemplent, passants fugaces, pour qui l'existence la plus longue, ici-bas, n'est même pas un clin d'œil d'éternité ! Du cœlacanthe pêché près des îles de La Réunion, dernier survivant d'une espèce disparue, au colin froid, l'évolution n'aurait pas été possible sans les singuliers détours — privilégiant les uns et accablant les autres — de la fatalité morne des inégalités biologiques. Pourquoi l'homme descendit-il du singe et non du merlan ? Il fallait bien qu'il y eut une exception pour confirmer la règle, le troublant détour des choses sans lequel les choses elles-mêmes ne seraient point. Ô abysses insondables de l'identité ! Vertigineuse paléontologie... *L'Eau et les Rêves* de Bachelard apportent insatiablement des réponses à ces énigmes bouleversantes de nos origines. Plus loin que le philosophe, je mène ces analogies. Craignez qu'elles ne soient justes : l'inconscient est l'océan même où parfois l'on puise, pêcheur ébloui, en des filets d'acier, ces nasses profondes de l'esprit, le pailletage argenté du réel, le scintillement de la vérité révélée.

Et la grave question se pose : pourquoi en vous cette fascination de Louis XV ? Parce que les bonnes gens l'appelaient le Bien-Aimé — je ne veux point insinuer par là, en quelque métaphore culinaire, le colin à la Louis XV étant une des spécialités du Grand Véfour, que sa chair serait particulièrement appréciée, cuite au four, avec du persil et un zeste de Zitrone, servie par le chef fameux du Palais-Royal... Je veux dire bien plus : gravement, je laisse tomber ma sonde dans l'infini nocturne, clapotant, en dessous des grandes interrogations métaphysiques englouties. Être ou ne pas être, ou être plutôt, pour se raccrocher à un autre être dont le portrait pour vous du moins vous empêcherait d'aplatir la question de Hamlet : être ou ne pas être un colin froid ? Être ou ne pas être Louis XV ? Comme jadis l'adolescent fiévreux que je fus s'écriait en de soudains accès de découragement, tant le modèle lui paraissait provisoirement inaccessible, ou d'envie : être Chateaubriand ou rien. Mais non : Louis XV ou rien, mais surtout pas un colin froid. Je comprends votre perplexité. Oui chaque homme a son double, tout être faible invente le sien. Il fallait bien que vous eussiez le vôtre. Pourquoi lui ? Errant une nuit à l'Élysée, insaisissable fantôme de la liberté, je scrutais les consoles trop richement ouvragées serties d'or, les camaïeux et les pendentifs du règne évanoui, le bric-à-brac des pavanes défuntes.

Comme je regardais la célèbre pendule à musique, la chute de Phaéton, rutilante de bronze, un bruit me fit sursauter. Je me crus découvert, me dirigeai à pas feutrés dans le vestibule d'où il provenait : en face, se découpant dans l'ombre, resurgit la statue de Vertumne et Pomone, vous-même en quelque sorte, et Mme de Pompadour. Soudain, je compris. Eurêka ? Oui, qui était la Pompadour ? Eurêka ! Pleurs de joie ! Je vis, je crus, je sus, je fus illuminé ! De son nom de jeune fille, elle s'appelait Jeanne Poisson ! Et, toute sa vie, Louis XV n'adora que le poisson. Sa rêverie fluide ne s'écoula pas seulement en la maîtresse tant aimée, la Poisson; les penchants naturels de ce Bourbon au nez comme un bréchet, aux yeux globuleux et au front pareil à un bulbe de pieuvre dont vous eussiez aimé avoir les mêmes tentacules fiscaux, l'inclinèrent vers des nostalgies aquatiques.

Une rêverie au-dessus des carpes du bassin de Marly où, revenu à son pupitre, le Bien-Aimé n'écrivit qu'un seul livre — de 73 pages selon Saint-Simon — inspiré par un professeur au nom prédestiné, Guillaume de l'Ile, livre d'une minceur pareille à votre *Démocratie française,* et intitulé *Le Cours des principaux fleuves et rivières d'Europe.* Oui, par où s'écoulaient les colins froids de l'époque, poissons de toutes eaux, aux branchies passe-partout. N'est-ce pas là une preuve ?

Et vous, Giscard, à quoi pensez-vous quand, après avoir gravi le perron de l'Élysée, vous vous retrouvez dans le vestibule en face de votre Pomone ? Moi, je le sais. Demain, il n'y aura plus aucun chef d'État, de Helmut Schmidt au roi Juan Carlos, qui ne reconnaisse aussi peu l'intersigne visqueux de votre règne : le poisson.

A qui pensez-vous ? Nul n'échappe à sa destinée : vos femmes s'appellent Anémone, Valériane ou Jacinte, autant de fleurs que l'on coupe pour les mettre dans l'eau. Des indices : vous haïssez les chats, car ils adorent le poisson, et jamais l'on ne vous vit pêcher, de peur de capturer vos pairs. Votre goût pour le ski et la neige ? Vous pouvez toujours marcher sur l'eau. C'est incorrigible. De même que vous ne joueriez jamais de l'accordéon à Chamalières, cet instrument vulgaire, pouah, si son déploiement n'évoquait dérisoirement le flux et le reflux des ondes, ou le mouvement des marées. Et nous avons manqué de peu que vous ne vous soyez appelé Giscard de la Tour Fondue, oui, nous l'avons échappé belle, vos parents ayant raté de peu l'achat de cette terre et s'étant rabattus sur le d'Estaing. Or, selon le Dauzat, dictionnaire étymologique, Estaing n'est que la forme aveyronnaise de l'étang, la pièce d'eau. Giscard d'Étang colin d'eau douce ! Tout est clair.

A votre propre logique sinueuse, jamais vous n'échapperez. Plus vous la fuirez, plus cette fuite même ressemblera à la nage du colin entre les eaux tièdes de la pensée libérale. Et quelles que soient les ascendances dont la vôtre se prévaudrait, elles sont toujours fausses : le club des Cincinnati, où les descendants des nobles ayant accompagné La Fayette se rassemblent vous ayant refusé l'admission, vous auriez toujours pu vous rattraper. Oui, si seulement l'amiral d'Estaing avait péri en mer, un de vos ancêtres colins aurait pu en manger une parcelle. (Ô continuation des mystères d'Eleusis, et de l'absorption du corps de Dionysos ! Descendance par digestion !) Hélas, l'amiral d'Estaing est mort dans son lit ! Alors que faire ?

Mais pourquoi donc, Colin Ier, vous acharner à suspendre des portraits d'ancêtres au-dessus de l'étal des poissonnières de notre époque ? N'êtes-vous pas déjà merveilleusement à l'aise en n'étant que l'un des symptômes, ici en France, là aux États-Unis, de la liquéfaction du pouvoir en Occident ? Et cette « réussite » n'est-elle pas formidable pour un colin froid, revenu dans son élément naturel — comme poisson dans l'eau ?

Reste que le système ne pouvait accoucher que d'un colin, un déviant de la bourgeoisie capitaliste, tout visqueux de cette nouvelle démocratie dont les sournois abus de pouvoir s'infiltrent même sous les portes. Le régime en est si humide qu'on s'habitue même à marcher dans les flaques, sans se croire éclaboussés. Pour le prochain Président, les murs de l'Élysée seront suintants de cette eau, couverts des moisissures et des champignons invisibles qui auront corrompu peut-être à jamais le tissu même du pays. Peu vous importe, là où vous êtes, colin dans l'eau, barbouillant dans les infections dégoulinantes du régime, tel Pilate, assisté de son François-Poncif, vous vous en lavez les nageoires, tandis que dans vos salons flotte l'odeur écœurante d'une eau de toilette « Habit rouge » de chez Guerlain dont se lotionnent les énarques.

Et moi, que va-t-il m'arriver après ce pamphlet ? Va-t-on me bastonner ? Quand recevrai-je mes lettres de cachet ? Hélas, on ne vous exile plus ! Tout ce que vous risquez, ce sont les peaux de bananes, les nageoires étalées sous vos pieds pour que vous glissiez dessus et vous fracturiez le crâne. Si dans les quelques années qui viennent, ma voiture au volant scié entre dans un arbre, ou si je tombe dans le coma après quelques folles nuits — toutes mes nuits sont folles d'inspiration et de clairvoyance —, surtout, n'en croyez rien. Et si, par une aube blême, ma tête est plongée dans un ruisseau, ce peu profond ruisseau calomnié, la mort, en notre brève vie, surtout cherchez bien si le colin froid ne fraie point dans les parages. Non, je ne suis pas pessimiste. « Nous avons la meilleure police du monde », me déclarait une fois Poniatowski, le célèbre destructeur des fiches de police, non sans avoir pris le soin de les recopier auparavant. Ponia, oui, assis dans son fauteuil de rotin, sous les lithos de Brayer, au Rouret, dans sa villa du Midi, je l'entends toujours : « En France, pas de terrorisme, pas de procès, pas de publicité, on les emmène faire un grand voyage... » ajoutait-il, le visage cramoisi d'aise, aussi rouge que la pince de son homard trempant dans la bouillabaisse. Ô douce France ! Ô crimes feutrés, dans le crissement des cigales et les relents d'acacias frais ! Et, s'il est vrai que nous devons être fiers de cette tradition française, en dépit de quelques bavures, de Stavisky à Ben Barka, comment faiton avec les terroristes de la parole ? Comment bâillonne-t-on les diseurs de vérité ? On les étouffe sous l'eau giscardienne, le flux insignifiant, douceâtre des babillements des prêts-à-parler, et des colins de service.

Ma voix, vous ne l'entendrez plus dans les postes de radio. Mon visage, vous ne le verrez plus sur les écrans. Quant aux journaux, ils se déroberont devant mes écrits.

Pourtant, je ne crains rien. Je suis de moins en moins seul. Il est des défis intimes qui nous coûtent mille fois plus cher que les aléas de la vie publique. Ce que je dénonce : le consensus de mensonges d'une société qui n'a pour tout discours que ses crocs-en-jambe... Pardon pour ceux qui se maintiennent à flot grâce au seul dérapage contrôlé de leurs pieds palmés sur l'asphalte mouillé. Ce sont là leurs courbettes, leurs baise-nageoires, leurs manières mêmes de colin froid. Moi, je n'ai pas peur. Ma devise est celle de Churchill : « On peut tromper longtemps quelqu'un, mais pas tout le monde tout le temps. » Pourtant, vous paraissez même infirmer cette règle. Vous avez trompé de Gaulle, Chirac sans qui vous ne seriez pas où vous êtes, trompé Chaban, trompeur souple, frétillant dans l'onde amère, trompé la France, trompé l'Histoire, *quousque tandem,* Colinila. D'ailleurs, plus que des Louis XV, à la cheville cambrée duquel vous n'arrivez même pas, ce sont des Cambacérès, des girouettes, des Eleonora Galigaï, des chevaliers d'Éon, des travestis hermaphrodites comme tous les merlans, des régents maigres de nos petites misères, sans carrosse, avec leurs cortèges de contes de fées, leurs citrouilles et leurs Cendrillons, c'est de ces histrions que vous descendez lorsqu'il vous arrive de rentrer vos arêtes, au petit matin, dans quelque voiture de laitier.

Trompeur, poisson-trompeur, vous tromperez toujours. Barre sera trompé, et les autres aussi. Fou de titres nobiliaires, vous les avez supprimés des bristols de l'Élysée pour qu'ils ne vous fassent point ombrage. Catholique, vous jouez de la truelle et de l'équerre avec les francs-maçons. Antisémite, vous dorlotez Simone Veil, mais celle-là aussi vous la tromperez et nul doute qu'elle ne finisse comme la mère Denis. Vous lui ferez faire la lessive à l'Élysée. Tous trompés, cocus, mais contents avec leur paye en fin de mois versée à la Surintendance des brosseurs à reluire (la S.B.R.) et porte-coton. Ô, les jocrisses ! Gay Paris, Folies-Bergère et Élysée-Gogos ! Affligeante tristesse. Pour qui trompe-t-il son monde avec cette obstination ? Georges Bernanos pourrait vous répondre : « La société actuelle, société de transition, de compromis, dite moderne, n'a aucun, ne propose aucun but déterminé, sinon de durer le plus longtemps possible grâce à la méthode qui l'a servie jusqu'ici, celle d'un dégoûtant empirisme. »

Eussiez-vous eu un grand dessein caché, le tribunal de l'histoire, curieusement indulgent pour les grands criminels et impitoyable pour les escrocs, vous aurait absous. Hélas, vos escroqueries se trament à la petite semaine, au rabais, à la grivèlerie réduite aux acquets. A l'hôtel de l'Élysée, l'important pour vous c'est de rester dans vos meubles et d'avoir une provision de cire et de torchons pour que vos valets astiquent. Vous trompez pour presque rien. Vous ne trompez que pour durer...

Il est des rencontres dans la nuit. Des étincelles et une seule suffit. Dans l'immense ténèbre de la forêt et de la nuit la plus poisseuse, un seul fanal clignotant au plus lointain, là-bas, et le voyageur perdu sait qu'il sortira de la selve qui l'étouffait d'angoisse. C'est la révélation. Cette lumière a un autre nom : le signe. Et il vous frappe entre les deux yeux où s'étoile alors l'œil voyant du Cyclope. De ce trou en geyser jaillit le sens et vous comprenez tout.

Et moi, voyant, je vis. Sur un plat de sardoine et d'onyx de trois couleurs entouré d'une épaisse branche de laurier d'or, je vis non point le profil de Louis le quinzième, mais, hallucinante, la face d'un colin cuit à la vapeur des tièdes voluptés. Branchies soufflées de graisse. Oeil sans paupière. Lèvre inférieure avancée. Et la cuirasse enveloppant le bras dessinant ses écailles d'acier. Je transpire, je tremble, je murmure, comme un secret : « Mais c'est un poisson ! Le doute n'est pas permis... » Je cours à la signature de l'estampe gravée d'après Guay, conservée à la Bibliothèque nationale et destinée à servir de modèle pour un camée d'onyx et de sardoine ainsi qu'il est noté. Et je n'ose lire la stupéfiante signature : « Pompadour sculpt » ! Oui, Pompadour. Elle-même. Jeanne Poisson avait *nécessairement* gravé le portrait d'un poisson. La femelle avait compris le mâle. Elle savait, elle, par connaissance naturelle de sa propre espèce, que le roi n'était rien que son double, rien qu'un colin.

Deux siècles plus tard, j'aurai, grâce à Jeanne Poisson, la clef qui m'ouvrira la boîte de conserve élyséenne. Je la tourne et, couché dans une gelée, je découvre Colin Ier. Je vide la boîte de son contenu présidentiel, je la colle ensuite contre mon oreille, telle une conque marine et j'entends : « Tu vois bien, impie, que je descends de Louis XV ! »

Un glissement sur les dalles, une lune ronde dans le ciel, place des Vosges, sous les arcades. Des soupirs haletés, des claquements d'éventail. Je me retourne et la vois qui demande un renseignement à Victor Hugo, flâneur nocturne. Celui-ci me désigne. Je m'arrête et elle s'avance vers moi dans un frou-frou soyeux de crinoline, de soie, de guimpe, de rubans, altière et perruque haute : « Je voudrais vous parler... », me dit-elle.

Peu après elle s'écroule dans un fauteuil : « Un verre d'eau, j'étouffe ! » Je lui tends une bassine qu'elle vide comme une chope. Voilà qui est suspect. Cet amour de l'eau me rappelle quelque chose...

— Je m'appelle, dit-elle...

Et elle fait bouffer ses jupes et jupons pour assurer son assiette dans mon fauteuil. Alors, comme une vague, une terrible odeur de poisson s'échappe de son entrejambe, et dilate de dégoût mes narines.

— Je m'appelle, dit-elle, Jeanne Poisson.

— Pour vous servir, marquise, mon nom est Jean-Edern. Je savais que c'était vous —

ces mouches, n'est-ce pas, sur votre peau — et je vous attendais, cher fantôme.

— Comment... Oui, par quel prodige avez-vous deviné le secret de mes amours ?

— Le flair, madame.

Elle raconte comme pour une délivrance :

— Dès qu'il me vit, il accourut, les naseaux fous, écartant les courtisans à coups de nageoires. Il se planta sur sa nageoire arrière. « Je suis Louis, je suis l'ouïe », me dit-il. Et il ajouta en latin : « *Hoc erat in votis piscis piscem fricat et si vis piscem para amorum bellum !* » Il était égaré. Nous frayâmes aussitôt dans le bassin aux cygnes. Cela fait, au petit souper, après des ambigus de sardines, nous mangeâmes du colin.

Cette vision, pendant que Victor Hugo, sous mes fenêtres à l'écoute, hurlant son rire d'océan, apparition atroce, mon songe d'Athalie ! Je n'oublierai jamais. Elle parle et, au fur et à mesure que s'enfle son propos, ses seins poudrés deviennent mamelles énormes de poissonnière, sa voix s'éraille, ses mains se transforment en battoirs, ses lèvres se retroussent sur des chicots noircis de jus de chique. « Alors Louis XV, me dit-elle, à la fin du repas, entre pouce et index, soulevant la longue arête. — Que maudite soit ma race, dit-il, car voici ma descendance. Dans deux siècles, un certain Giscard, grimpant d'arête en arête, comme une mouche équilibriste, s'élèvera jusqu'au trône où céans repose mon postérieur capétien. Et sous prétexte, Poisson, que je t'ai aimée, ce fol outrecuidant se prétendra de ma lignée. Alors qu'il ne fut pêché dans la mare que par la ligne d'Edgar Faure ! Et à cause de vous, madame Poisson, le royaume de France sera gouverné par un méchant colin à la hargne de brochet. Mon royaume pour un cheval ? Hélas, non, mon royaume pour un colin ! Funestes amours, madame ! »

Elle pleure. Je la console.

— Je n'ai pas voulu cela..., me dit-elle.

Je la plonge dans le bain après lequel elle soupire.

— Méfiez-vous, me murmure-t-elle, je suis venue vous dire qu'il était méchant... N'avez-vous de lui aucune peur ?

Je rêve, assis sur le bord de la baignoire où elle s'ébat. Oui, la peur... Oui, la peur est sur la France. Oui, la peur de Colin Ier nous étreint tous. C'est vague, c'est diffus, c'est vaporisé sur nos plaines, nos monts, nos villes, nos temples et nos têtes. C'est la peur sans bruits et sans visage. Elle craque lorsque nous ouvrons un livre, elle dit son froissement lorsque nous déployons un journal, elle dessine son lacis sur notre écran de télévision, elle couvre d'un brouillard la Seine sans cadavres. C'est bien la pire peine de ne savoir pourquoi votre cœur se ratatine entre ses doigts de vent. Jamais nous n'eûmes crainte de De Gaulle ou de Pompidou. Alors pourquoi cette peur de Colin-Giscard ? Parce qu'il est... absent ? Parce qu'il est bâtard de poisson et d'homme ? Parce qu'il n'existe pas et que ce néant nous terrifie comme le silence des espaces infinis terrifiait Pascal ? Marquise, au secours ! Aidez-moi !

— La France eut même peur, sous Louis.

— Pourquoi, Marquise ?

— Le vide appelait le sang à venir et les terreurs prochaines. Tout ce qu'il touchait, Louis, devenait rouge...

— Tout ce que touche Colin-Giscard tombe en poudre, Marquise.

— Non.

— En pourriture ?

— Oui.

— Alors, cette peur, Marquise, serait-elle... une odeur ?

— Tu l'as dit, Jean-Edern !

Elle poussa un cri épouvanté et, comme un sucre, je la vis se dissoudre dans ma baignoire. Je sais maintenant : la peur qui nous décompose, *Colino regnante,* c'est l'odeur même de notre fin. Cet homme sent la mort.

J'ouvre les fenêtres. Hugo me fait un petit salut, au clair de lune, et s'éloigne en sautillant comme un djinn. Mais désormais je partage avec lui l'immonde secret.

Nous autres, bons Européens, comme s'exclamait Nietzsche, en rechute de nos vieilles amours et de nos horizons étroits, nous constatons que par un phénomène de compensation, dès lors qu'un peuple voit s'abaisser le niveau de son esprit, il y a un peuple voisin qui devient plus profond. Serait-ce du réduit breton, ce dernier noyau de résistance culturelle, qu'il faille reprendre le discours de l'universel ? Du moins, je le crus, l'automne dernier, et nous aussi, Président, vous nous avez trompés, nous tendant la nageoire après les élections du printemps 1978, en me laissant croire que les mots et les choses se ressemblaient. Et que, pour être un grand écrivain, selon vos propres termes — sans doute aviez-vous dû le lire dans le journal, pauvre garçon, suiveur, je vous dénie aussi le droit d'être l'arbitre de ces élégances, la chair commune d'un colin ne pouvant se confondre avec celle du saumon royal, l'écrivain... — oui, je n'en disais pas moins des choses vraies, de ces petites choses tenaces, sans lesquelles, comme la câpre dans le beurre fondu et le sel de céleri dans la terre à sucre, engrais blanchâtre de votre Europe économiste, nous reste dans le tube digestif comme un plâtre, avec votre politique à l'estomac...

France, France, nation plurielle. Moi, il m'est arrivé de la conjuguer au singulier, à la mode de Bretagne. Certes, tout le monde n'a pas la chance d'être né orphelin ou breton... même que ce n'est pas une sinécure : l'arriération de mes compatriotes n'est que la dure conséquence de la république mondaine, cette précieuse ridicule emparisiannée, emmitouflée des laines du tout-État, sur pur cuir déchiré des banquettes de chez Lipp. N'importe ! Ce sont toujours eux qui ont la meilleure part du gâteau, ils n'arrêtent pas de se sucrer les fraises sur la tarte au colin. Pas les Bretons ! D'ailleurs, sans cela, je ne les aurais point défendus ! Leur lenteur est terrible : quand je suis à Vladivostok, eux n'ont pas dépassé Bécon-les-Bruyères. Ou bien la gare Montparnasse, from here to eternity. Pour n'arriver nulle part, ils n'en finissent plus d'errer rue du Départ. En transit d'asphalte et d'infini... Ceux qui ne sont pas prolos font la manche, quant aux autres, je me suis bien moqué d'eux. Pour se faire de la publicité personnelle, quelques-uns m'ont suivi : petits notables de province, style prince de Galles du Comité économique et social, barquettes à Lorient et biniou électrique, barcarole chez Madame le Préfet, comme dans Bécassine. Ah ! j'en ris encore de leur pusillanimité, affolement, vague à l'âme et désorganisation. Intermédiaires privilégiés entre les régions et la capitale, ils bloquent tout. Ainsi, l'inénarrable sénateur Legrand, sur ma liste européenne, dont le nez rouge ne saurait me servir de clignotant pour ce que j'aurais dû ou pas dû faire. Ah ! je pourrais m'attarder cruellement sur cet écrasement, cette pesanteur, et sur ce qui la rend plus pesante encore ! Toute honte bue, j'y ajoute l'alcool, la poivromanie bretonne, symbole omniprésent de la tutelle coloniale : on boit pour oublier, et tout se termine toujours, faute de pouvoir vivre sa liberté, en chansons sur les libertés armoricaines perdues. Ah ! qu'elle est triste notre province ! Comment être séparatiste, si c'est pour retrouver chez soi, inchangées, les raisons de s'en être enfui ? Mais ce que j'entends par autonomisme passe par le jugement sévère de l'enfant prodigue. Rien ne peut se conquérir si ce n'est d'abord contre les siens. Je me dresse toujours pour défendre l'Emsav, la résurrection celte : ce phénix immémorial passe par le feu et la cendre. Car mes frères, mes compatriotes, ces Indiens accoudés au comptoir de leur trading-post, assis sur leur baril d'eau-de-vie, entre un chouchen et un hoquet de Breiz atao, ont bien mérité leur asservissement. Tapez sur les pauvres pour qu'ils se révoltent, comme tonnait jadis Léon Bloy... Quand ils contemplent les frontières de leurs réserves, comme s'il s'agissait de la ligne bleue des Vosges de l'indépendance, même si je trinque avec eux, je ne me fais aucune illusion sur leurs capacités de libération : les idées reçues pèsent dans leurs têtes comme le poids d'une montagne. Un Breton doué ne peut réussir qu'à Paris. Mais là-bas, plutôt que de dynamiter des sous-préfectures, il faudrait user de tous les explosifs possibles pour leur creuser plutôt des tunnels dans le cervelet — la liberté, oui, passe parfois par une trépanation qui seule réduira les coagulations du bulbe rachidien. De même, contemplant les roches admirables de nos plages atlantiques, je comprends mieux et les miens et les raisons de leur résistance séculaire au progrès, ce maintien têtu de l'identité nationale d'un peuple : les Bretons sont des moules. Quand la marée descend, au moins restent-ils accrochés à leur banc.

Ô, dérisoire ténacité ! Mais il n'est aucun indigène des Tuamotu, ou des îles Fidji, qui n'abandonnerait tout, l'enchantement des tropiques, et les grands palmiers penchés au-dessus des atolls de corail, pour devenir balayeur à la Défense, ou aiguilleur à La Roche-Migennes. On ne peut compter sur eux, leur indigénisme ne tient qu'au formol paradisiaque de l'air pur. Les Bretons, au contraire, comme ces sauvages qui ont survécu aux illusions technologiques de notre vieux modernisme, atteint de robotomie et d'arthritisme, quel est leur souhait sinon de rendre à notre Europe où parmi les autres nations romantiques informelles, ce regain d'âme, cette mémoire profonde, sans laquelle notre supranationalité de toujours ne saurait atteindre à sa catalyse politique ? Et cela contre les économistes qui ne sont que d'étranges alchimistes à rebours, changeant l'or du temps en plomb fondu, maîtres ès dévaluations, et les pommes du jardin des Hespérides, en serpent monétaire. — Oui, répétait encore le solitaire de Sils-Maria, Nietzsche, en écho avec les brumes et les houles immémoriales d'un peuple qui n'en finit plus de vouloir naître, rejeté aux franges écumeuses du temps : « L'avenir appartiendra à ceux qui auront la mémoire la plus longue. »

Bretagne, là-bas, au grand large, *terra desolata,* quand je reviens sur ton sol, foulant tes dernières landes, entre deux errances de dernier baladin du monde occidental, ta fleur d'indigence ne s'est pas fanée à ma boutonnière : tu es ma patrie charnelle, cette patrie de Chateaubriand dont chacun d'entre nous n'en finit pas de se ressouvenir. A ton sein, nourrice obscure, tu n'as cessé d'allaiter mon orgueil, ma colère et mes sarcasmes. Lait d'azur, breuvage d'amour fou. S'il lui arrive de s'aigrir de ressentiment, c'est que le téton d'où il coule se sera trop longtemps éloigné de ma bouche. Mais vous qui entrevoyez les lueurs bleutées de l'abîme, hâtez-vous, approchez vos lèvres de cette couche fraîche et brûlante. Avec ce lait, je suis, oui, toute bonté... Si je tourne en dérision les Bretons, c'est que je les aime trop pour ne pas leur vouloir un sort meilleur. Et si de vous, colin froid, il me serait difficile de prétendre qu'il en soit de même, au moins reconnaîtrez-vous la passion ironique que je mets à vous vider, avec mon vieux couteau rouillé, rieur, ce couteau sans manche et sans lame de l'intelligence vive. Et derrière les pyramides de ce temps et de la pensée bétonnée, mille ans de celtitude nous contemplent... Forêts profondes des Gaules issues de Galles et de Bohême, d'Arverne et de Galicie. Nous ignorons presque tout des idées forces qui y présidaient. Le grand arbre a été abattu ; on en est réduit, à la surface du fleuve, à voir étinceler au passage ses feuilles d'or et d'argent, et à soupçonner sur des empreintes les hautes présences qui l'entouraient. De lui, pourtant, il nous reste quelques surgeons bien vivaces, contre lesquels la perfide lame méditerranéenne, ou les illusions de la galerie des Glaces, n'ont rien pu.

Perspectives cavalières, si je puis dire, qui se prolongent dans les salons Louis XV de l'Elysée. Mme Pomone-Poisson ne cesse de dispenser ses câlineries à son grand Colin Ier — « Fais-moi encore un colin, lui susurre-t-elle, j'en suis toute mouillée. » Hélas, mon puritanisme m'interdit d'évoquer plus avant ces débauches secrètes. Ah oui, il faut bien que le corps exulte et que le cul celluliteux des rombières, leur gros petit patapon, se trémousse dans le moelleux des canapés. Car le cul, ce vieux, ce vieux cul nu d'amour, ne se prononce jamais, même devant une voyelle, nous apprend le Littré... De même, le vaste paravent d'écailles de la vie privée doit-il nous dissimuler cette intimité glauque ! Comment s'y prenait Louis le Bien-Aimé pour frayer ? En quel vagin salace M. Vertumne-Colin s'insinue-t-il, colin de nuit, pour mieux se fondre en son modèle, le vertumne de jour, Louis XV ? A chacun son vivier, au second, le parc aux cerfs ; au premier, la chasse *in vitro* à l'éprouvette, au filet ! Pas de bordels, désormais pas de bedaines vautrées sur les divans cramoisis de la IIIe République, pas de quéquettes plombées de Président radsauce, sympathiquement obscène, avec ses gracieuses moustaches trempées dans un liquide séreux de graisse d'oie. La nouvelle baise, aujourd'hui, après la nouvelle cuisine, se pratique *in petto :* maîtresses express, petites Parisiennes sur papier glacé, toutes frétillantes anguilles, à peine sorties du vivier, call-girls qu'on hameçonne au téléphone blanc ! Baise preste entre deux prises de vues, et une prise de corps. Sensualité libérale, elle ne peut être vécue que sur le mode de la prestation — la redevance en nature selon le jargon libéral.

Donc, elle est mauvaise. Et, la sexualité prestataire et giscardienne, qu'est-ce d'autre sinon l'intrusion de la propreté honteuse dans nos rudes jouissances colossales et ancillaires ? Plus d'amour, tout devient prestataire. Colin tampax ! les surnomme-t-on, paraît-il. Si j'en crois une indiscrète, un colin est enrhumé de haut en bas, du bréchet à la gonade (gonade, organe reproducteur du poisson, tube jaune, *Encyclopedia piscis,* Karl Kurt, 1907). Les éjaculations précoces du colin ? Mais ce sont les éternuements mêmes de la société libérale, voyons ! D'ailleurs, il ne peut en être autrement : pour Freud, la jouissance est une chute de tension, l'orgasme étant le vertigineux évanouissement de nous-mêmes. Le colin, c'est l'antijouissance, l'entropie politique généralisée. Elle est l'impatience libérale avancée. Comme en thermodynamique, elle mène à l'uniformisation, plus au prosélytisme de l'uniformité.

Et ce qui vaut pour le corps, vaut pour le corpus social. Ce que découvre l'imagination ouverte, en sa psychanalyse des éléments matériels, la société nous en produit toujours, quelque part, l'équivalence têtue. En 1979, sa voix est le bruiteur du psychisme évidé de l'économie. Amour et néant, la mort est proche. Déjà, malgré l'ouate aqueuse, elle me perce les tympans. Et si, pour l'Indien d'Amazonie, selon Claude Lévi-Strauss, le cru et le cuit constituent la devise de la survivance, la nôtre, parole d'eau et de consonnes liquides, mouillée de salives et d'embruns sales, ne peut être que — la glu et le glauque.

C'est bien la liquidation au sens léniniste du terme, à savoir l'anéantissement politique — et en bourse, l'époque fixée pour la livraison des titres contre espèces, dans un marché ferme. En un mot : la forme abstraite de l'échange maximal, la rencontre quantifiée de l'ovule et du sperme.

Tel est l'amour froid, correspondant aux funestes pratiques sociales que nous sommes conviés à choisir — idéologie des « choix », un éventail de prostitution matérielle, ou morale, sous le signe du numéraire. L'homme giscardien, c'est l'âne scolastique de Buridan, écartelé entre le seau d'eau et la motte de paille : pas de modèle de société, il peut tout choisir, donc rien. Entre une tarte aux fraises, une pêche à la ligne ouverte de Gonzigue Saint-Bras le prince sponsor, et une maîtresse Express, aux cuisses maigres, cette liberté prend des proportions terribles, celles de la liberté d'indifférence, dont on finit par mourir de déréliction. Tel est le pluralisme. Pas d'élan passionné. De tout on se moque comme de colin-tampon, terme désignant « ceux qui n'ont pas le moindre souci d'une chose » (Bailly, réédition 1930).

Qu'importe! Après l'acte, un colin remet son slip Kangourou, et ses chaussettes Madelios, achetées en hâte par un élève de première année de l'E.N.A. Ah oui, ce fameux « après-l'amour-libéral » — cette action superficielle et trop rapide, où les convenances obligent tout de même que l'on s'attarde auprès de la partenaire, caressant son épaule blanche avec des doigts frêles, mal affermis, comme des salsifis ayant trop longtemps trempé dans un bain désinfectant. Chuintements distingués de pisse-froid, fadeur honteuse que ne dissipe pas le déodorant de Vichy. Ô, simulacres d'amour, sur les minettes de cire que la mode aura déshabillées, marquées dans leur chair par le martèlement impatient d'un index à lunules blanchâtres! « Ton doigt fera la différence », ainsi une publicité dans le métro vante la qualité d'un briquet. Mais pouvons-nous être gouvernés par le caprice mondain d'un pouce sur un briquet, d'autant qu'une algue mouillée, en guise de mèche, ne saurait allumer celui de l'avenir? Ah oui, la cigarette après le coït, les rites, tout le bataclan, je ne me livre point ici à de basses attaques souspubiennes, j'analyse métaphoriquement la société libérale et on m'a compris.

La lumière est toujours éteinte, les volets fermés. J'entends la dulcinée susurrer :

— Ça va, mon chou, elle se dresse, ta mèche ?

Le jour se lève et pas sa queue. Qui est-il ?

Devinette : « Il ferait le tour du monde pour aller vendre ses pinces à linge, équipées sur ressort inoxydable. Qui est-il ? Un mordu du serpent monétaire international ? Un aspic économocrate ? Un saute-ruisseau du tapis rouge ? Un tapineur de l'escalator d'Orly ? Un hérédosnob empoisonnant l'amour comme un détergent l'onde claire d'une rivière ? »

Passent les jours, passent les nuits. Ô, temps, passoire pour adoucir nos peines, fétus de soucis, épingles de douleurs vives ! C'est toujours notre faculté de résistance morale que l'on veut moudre, c'est le bon grain du courage que l'on veut broyer avec l'ivraie de la servitude. Seul, ou presque, poussant le cri de nos lointaines provinces pour exaspérer l'intelligentsia parisienne, je m'engageais à en élargir la rumeur. Qu'un peuple ignoré se soucie si fort de sa légende cela ne pouvait que m'émouvoir. Et d'autant plus fort je me reconnaissais en ces dissidents du dedans, que je savais ma propre fortune houleuse et menacée.

Ainsi, un jour vous invitant en Bretagne, je vous écrivis[1] !

Vous n'êtes point venu. Dieu merci ! J'en rends grâce aux cieux brumeux, aux vents d'ouest, et aux frondaisons de mon pays natal. Alleluiah ! Merle moqueur, vous m'aviez pourtant prévenu. Un colin froid s'asseyant sur le vieux rotin de mes chaises non rempaillées, ses nageoires barbotant dans mes soupières de porcelaine de Saxe, et cette odeur après, qu'il eût fallu chasser en lavant les parquets à grands baquets d'eau de Javel ! Je l'ai échappé belle. Selon les préfets et le ministre de l'Intérieur, Bonnet d'âne, il fallait ... « éviter de me donner de la représentativité... ». Il est vrai que ceux qui sont censés en avoir, en nos lointaines provinces — soliveaux alcooliques, ou élus tristounets et bedonnants — ne valent pour vous que dans la mesure où, soumis, à la botte, bouchés à l'émeri et colonisés par le besoin, ils laissent les choses aller à l'encan. Ah, non, je ne regrette rien, rien de rien, ni le rata, ni le coup de clairon, ni la messe rustique qui, imaginée en votre honneur, n'a pas eu lieu, telle que je la conçois. « Et mon eucharistie ! » auriez-vous déclaré, en plantant votre couteau à poisson, marqué des initiales de mes ancêtres, dans la chair blême du colin cuit aux herbes. Oui, nous aurions été obligés, comme les autres, de communier avec, avant de cracher de dégoût dans notre soupe.

1. Voir Encoche n° 2.

Quand bien même me poursuivriez-vous, aujourd'hui, pour profanation de colin, devant les tribunaux de votre inquisition présidés par vos Torqueponias encagoulés de dentelles, je n'en ai cure. Moi, je ne suis pas paternaliste : je n'irai pas me faire soigner aux eaux. Je connais en effet les vraies raisons de votre dérobade. Elles ne sont même pas politiques — oui, il eût été habile de venir vous asseoir à la table de quelques écrivains de gauche, soucieux comme vous l'êtes de sucer à vous le trop-plein douteux de son électorat las d'avoir misé si longtemps à côté des prébendes du pouvoir. Ces raisons, je les révèle au grand jour ... « Ce qui me différencie de Giscard (s'écriait récemment le ministre Deniau, votre ami d'enfance, pour s'être envasouillé avec vous dans les mêmes parcs à huîtres de la rue de la Faisanderie, et les élevages des dames de la charité, ex-petits blancs), c'est que je suis plus courageux que lui. »

Ah ! vengeresse acrimonie des lâches ! Après tous vos voyages ratés en Bretagne et en souvenir des porcelets pendus aux pales de votre hélicoptère, vous avez fait valser les préfets, comme ces mauvais maîtres congédiant leurs domestiques parce que la soupe qu'ils auront laissée eux-mêmes refroidir a cessé d'être fumante... Quoi de plus naturel que vous vous dérobiez à nouveau : vos courtisans qui vous connaissent bien, flattèrent votre lâcheté avant même que votre intelligence n'ait été mise à l'épreuve. « Le président a-t-il du caractère ? » demandais-je un jour à l'un de vos proches. « Oui, me répondit-il, mais comme les avares ont de l'or : pour ne jamais le montrer ! » Miraculeusement, votre peur même m'a épargné. Que dis-je, le mot est faible : votre pétoche glabre tout ennuyée, suprêmement agacée, votre art de la fuite, cette manière propre aux demi-mondaines d'éluder les questions embarrassantes en décrétant de leur inconvenance. Voilà qui m'a sauvé ! Vous m'avez filé entre les doigts, mais comme de l'eau courroucée. Une fois de plus la nature en vous se changea en l'élément même en lequel vous vous liquéfiez. Comme l'écrivait Coleridge en 1803 à Wedgwood : « Mon être est rempli de vagues qui roulent et s'écroulent ici et là comme les choses qui n'ont pas de maître commun. » Tel est le songe de fuite d'un homme qui ne sait pas provoquer le monde ; il est ce nageur qui se retire avec la marée descendante, évaluant tout courant contraire, tout coefficient d'adversité, comme une insulte à sa propre substance évanescente. En ceci vous êtes aussi l'inverse d'un de Gaulle qui, lui, brava les vagues de l'histoire afin qu'elles reconnussent leur maître. Son seul plan — le volontarisme, mais avec le peuple derrière lui, et non la volonté abstraite, tant il est vrai que le monde est tout autant le miroir de notre être que la réaction de nos forces. S'il est ma volonté, il est aussi mon adversaire. Plus grande sera celle-ci, plus éprouvante sera l'adversité même. En tant que source d'énergie, l'être est une colère *a priori*...

La vôtre est une peur, une bouderie hargneuse, féminine, mais *a posteriori* celle qui découle fatalement de l'analyse de votre comportement. Vous obligeriez à des lois qui vous dépassent. Mais d'où vient que d'une dérobade négligeable et anecdotique, on puisse tirer des méandres mêmes de votre caractère une vue d'ensemble du libéralisme politique ? C'est parce que le regard du romancier n'est jamais innocent : de Monsieur Homais de Flaubert, de César Birotteau de Balzac, tous ces portraits incarnent coup sur coup la franc-maçonnerie et la bourgeoisie triomphante du XIXe siècle. Et si nos contemporains attardés se fantasment eux-mêmes dans *La Comédie humaine,* un tel Rubempré, une telle autre Duchesse de Langeais, il n'y a pas d'équivalence giscardienne à cette comédie aquatique. Esther Williams et ses naïades ? French nautic ballet ? Pas même. Miss Nénuphar, c'est Mademoiselle Giscard d'Express. En vérité, votre comédie est « inhumaine » car l'enfer libéral est d'être l'innommable, l'empire du liquide. Le lieu absolu de l'évacuation, c'est le vaste champ d'épandage où pourrissent au crépuscule toutes nos vies mortes. Plus de langage — je veux dire plus de mots pour désigner les choses elles-mêmes — et l'indigence du vocabulaire des cadres est « à cet égard » exemplaire. Six cent trente-trois mots en comptant les répétitions : ils n'arrivent pas aux chevilles du vocabulaire paysan le plus élémentaire. Mongoliens à attaché-case qui nous gouvernent ! Plus de lumière, c'est lumière, c'est l'abat-jour, c'est une régression à l'échelle universelle de la conscience humaine ; un obscurantisme glauque brillant sur le dépotoir infini des marées noires de l'esprit.

Que les marxistes se soient trompés en dénonçant exclusivement le profit libéral, ils ont commis là leur plus grande erreur : s'être restreints à la seule économie. Ils auraient dû plonger plus loin : là où raclant l'écaille du colin dans la vase on découvre que les arêtes sont vermoulues et les yeux pourris. Il suffit de relever la tête pour comprendre que sous les eaux est engloutie notre Atlantide culturelle.

Ainsi l'écroulement de toute métaphysique témoigne-t-il a contrario : le caractère essentiel de l'existence étant de ce qui lui résiste plus rien contre nous, c'est l'inexistence même...

Snobisme de masse oblige, ce sont les garçons coiffeurs du colin froid, ces merlans qui sont chargés d'être ses historiographes et les héros de notre temps pourri.

Lâcheté, indigence de la langue, roublardise, vulgarité du suiviste des modes, futilité mondaine, rancune féminine, tous ces traits de votre caractère que chacun, même vos partisans, s'accorde à reconnaître séparément, tout en refusant de les lier entre eux, devraient pourtant faire réfléchir l'analyste. Le romancier, lui, ne s'y trompe pas : cet homme est tout, sauf intelligent.

Intelligere, signifie comprendre. Parce qu'il ne comprend pas la qualité, il suit les modes, parce qu'il ne sait pas évaluer les risques, il est craintif, parce que son fonctionnement mental est insuffisant, sa langue est pauvre...

Sans doute le préjugé sur votre intelligence est-il l'un des plus tenaces, difficiles à contrecarrer, de votre image publique. L'intelligence vous colle à la peau, comme du bronze permanent sur celle d'un tuberculeux. L'intelligence n'est pas la conséquence de votre discours : c'est votre masque. Aussi vos shampouineurs divers, vous passant la pommade sur vos écailles, vous massant le cuir chevelu, soignent-ils tout particulièrement cette vision grossière. Comme s'il suffisait d'avoir un front haut, pour l'avoir bien rempli ! Mais nous touchons ici au tréfonds de la pétrification sociale. Pas d'acquis, seul compte l'inné. Des parias et une caste, celle de l'argent et des grandes écoles. A mémoire d'éléphant, intelligence de paon : elle fait la roue. Ainsi, à Apostrophes ; Giscard ne comprend pas Maupassant, il s'en souvient, il le dégurgite, il réussit son parcours mondain, on ne le coince pas. Seule, sa mémoire est éblouissante. Un truc : pour vous faire entendre, ayez l'air entendu.

D'ailleurs, tout est entendu d'avance ; ce que l'on répète, et ce qui va de soi. Votre intelligence est un postulat qui intimide Mitterrand. Pour Marchais, vous êtes un ennemi intelligent de la classe ouvrière.

Aucun ne s'aperçoit que vous n'êtes qu'un Sganarelle, faisant l'éloge du tabac, mimant doctoralement et sententieusement la désinvolture de Don Juan. D'ailleurs, la catastrophe venue, on vous entendra éructer, à l'instar du valet de comédie — ... mes gages, mes gages. Mais pour l'heure, les Monsieur Loyal d'une société retraitée du monde avec le goût amer de ses désillusions perdues entonnent le même couplet qu'à défaut d'avoir le caractère gaullien vous avez au moins l'intelligence supérieure. A qui ? A quoi, je vous le demande ? Et votre compétence ? En quoi ? Hier, ministre des Finances, vous changiez trois fois à 90°, le cap de la politique monétaire — et cela, avec la même assurance, la même infaillibilité imbue de vous-même. Oui, enfant gâté du 16e arrondissement, de Janson et de la rue de la Pompe, vous êtes de ceux qui, dans les restaurants, choisissent le menu sans goûter les mets à la cuisine. Quand vous décrétez : « Cinq endives braisées » il faut que chacun vous imite et s'extasie sur les mérites, la finesse, la cuisson de l'endive. Ce fantastique culot de gâte-sauce officiel, vous l'avez hérité de votre famille. Quand vous rejetez l'endive, inconstant mais dépourvu totalement de fantaisie, pour prôner le canard aux navets, il faudra toujours vous faire confiance, plébisciter — cela va de soi — vos bons choix... Les endives, les navets (nous-mêmes), vous nous laissez déguster par vos énarques indélicats, poissons gloutons d'une technocratie fade et frivole. Chacun sait : les légumes n'ont pas de dogme. Les navets sont même singulièrement larges d'esprit... alors, pour ce qui est de l'intelligence, la nôtre, qui nous a entraînés par son imprévoyance vers tant de faillites, d'inflations, de chômage et de remèdes à la petite semaine, était aussi intelligente ? Non. Elle est nulle. Je vous le dis. Elle n'est bonne à rien, sauf pour la seule spécialité où elle excelle, le bluff. On en sert tous les soirs, en rab, au self-service de l'Elysée. L'auto-consommation d'assurance exagérée. Alors, comment pouvait-elle comprendre l'écrivain, quand je m'adressais à vous...

Je me défends en attaquant. Je préfère porter cette guerre qu'on me fait sur le territoire ennemi. Je fais de la politique pour qu'on n'en fasse plus, ou plutôt pour qu'on la réinvente. Puissent les années à venir permettre à des hommes de ma trempe, des esprits libres, dépourvus de toute vénalité, et n'ayant ni le goût des roublardises ni les contraintes qu'il y faut, de quitter ce combat douteux, et d'exercer ailleurs leur violence. Si je tiens à vous bouter hors de la présidence de la République, en m'y portant moi-même candidat, même si cette fois-ci, ou peut-être jamais je ne l'emporterai, c'est parce que je sais que mon rôle peut être décisif pour réveiller la nation. Moi tout seul, je constitue le Comité central contre votre réélection. En fait, vous avez sous-estimé la puissance de la pensée. Car ce sont des millions de gens qui désormais me soutiennent, et tous les autres, mes frères ennemis, soudain sortis de leur torpeur, même s'ils ne le savent pas encore, vont accourir.

Je ne m'adresse point à la vieille armée des retraités de la jeunesse, même si avec Charles Péguy je songe toujours à former le parti des hommes de quarante ans avec ceux de vingt. Une simple lettre — ce que Marx appelait la force matérielle des idées, ce levier invisible qui soulève dans la balance plus d'une livre de colin froid, soyons-en sûrs... Oui, que mon appel ait pu entraîner tant d'individus, en mobiliser ou en secouer d'autres, n'est qu'un long commencement. Sur ce déroulement des élections européennes, où j'ai mené la seule liste régionale du pays — Régions-Europe — lancée sur des mots d'ordre culturels, je ne reviendrai pas. Déjà, le théâtre fracassant de mes exploits s'éloigne. Mon corps traîné une première fois par les gorilles de la télévision, en une mêlée confuse, tandis que Chirac s'étonnait, que Mitterrand prenait ma défense, mais sans pour autant me céder la parole, s'est relevé de cette expulsion officielle : huit jours durant, courbatu mais l'esprit alerte, le cou portant toujours les marques d'une strangulation, incapable d'avaler, mais la voix retentissant toujours par monts, par veaux et par vaux, je fus celui qu'on ne laissait point parler, ce héros bâillonné, comme si nul ne se préoccupait de savoir ce qu'il avait à dire.

Comme si en notre indigence politicienne, la parole était une fonction vide, un organe pour lui-même, à la manière de l'art pour l'art de nos avant-gardes perdues. Confusion révélatrice entre la maîtrise des moyens de diffusion de cette parole et la liberté d'expression elle-même : les marges toujours se laissèrent prendre en ce même piège. Ainsi les radio-pirates, en leur indigence, pouvaient croire qu'il suffit de disposer de l'instrument pour que la parole soit répercutée à l'infini. D'abord, elle ne l'est pas, il faut savoir quoi dire. Alors, « la liberté pour quoi faire ? » s'exclamait Saint-Just. Si l'aboutissement technologique de l'homme est d'émettre planétairement quelques borborygmes, moi, je préfère me taire. Être ou ne pas être les messagers de Dieu, les porteurs diligents de la vérité, les Mercures étourdissants et effrontés, telle est la seule question moderne qui vaille que l'on en meure, justement, pour que cette parole nous soit rendue — comme il nous faudrait un autre Christ pour répéter : « Rendez à César ce qui est à César, et au poète ce qui appartient au poète. » Alors renaîtrait l'élan politique, la faculté de rassemblement de l'antique cité platonicienne engloutie ; pareille à cette ville d'Ys, au large de ma presqu'île finistérienne que, par les jours de beau temps, l'on croit entrevoir sous la pointe du Raz, dans la baie des Trépassés. Hélas, elle n'est plus occupée que par les bancs de colins froids, et c'est nous-mêmes qui sommes engloutis...

De même, notre civilisation occidentale, la faustienne, admirable technicienne entre toutes, nymphe aux mains précises et à l'ingéniosité sans limites, s'est-elle dessaisie de son inspiration prométhéenne pour vendre, clé en main, le feu divin. Opulente mais dépossédée, mercantile mais ayant cessé d'être marchande, elle ne peut plus produire ce supplément d'âme sans lequel les nouveaux instruments ne sont que des hochets vides et les « abolis bibelots d'inanité sonore » de Mallarmé. Par un retournement du destin et en une ultime vengeance des objets contre leur maître, nous sommes devenus les esclaves de ce grâce à quoi nous prétendions asservir autrui. Bien sûr, ce sont là des truismes — mais je sens monter le jour sombre des prophéties réalisées. Que d'avertissements, que nous n'avions point vécus, ne sont-ils pas déjà presque réalisés. Le *1984* de George Orwell ressemble fort au bonheur libéral, pouah, je me décourage ! Sous peu, ne vais-je pas m'exclamer : « Il est trop tard », si ce que j'avais à dire ne relevait justement ni de la science ni de l'économie, mais de la poésie, de la morale et de l'éducation.

Clerc engagé malgré lui, après bien d'autres, dans le désordre de notre époque, entre les eaux fangeuses, et l'uniformisation, entre ces miasmes et ces rivières détournées, depuis que le fleuve héraclitéen s'est brisé en mille torrents contradictoires, j'accomplis simplement un devoir.

Quand, au cours de l'hiver dernier, invité dans les grandes écoles, Normale, E.N.A. — ce bouge fonctionnel du centralisme, où j'annonçais par défi mon intention de lancer les Bretons à l'assaut du Parlement européen —, Polytechnique, Centrale, Sciences-Po, ou appelé à juger lors du concours du stage dans la grande salle lambrissée de la Cour d'appel du Palais de Justice les joutes oratoires des plus brillants jeunes avocats remplissant toujours les salles plus que les notables décatis de nos classes politiques, je m'aperçus que de nouveaux frissons parcouraient l'adolescence. L'avais-je oublié ? Mais la presse n'en rend pas compte — si perdue qu'elle est à mesurer à coups de sondages, l'immobile, et de ne plus avoir à se mesurer au mouvant ou à l'émouvant, ce sourire entrevu sous des cheveux blonds comme des blés. Si ce grain ne meurt, contemplez donc les proches fougères de la vie. Cheveux de résine, cheveux de jais, ou de topaze, voyez ces arrière-salles ébouriffées et pensives, suspendues à mes lèvres, comme des baisers de fraîcheur attentive, ruisselante. Je sais la pensée qui les désaltère : versez l'eau-de-vie. Mes poisons ne sont pas les vôtres, car voici l'amour, la force, l'intelligence... Oui, sous les étreintes de la jeunesse, je sais la pensée qui les désaltère. Ce n'est pas la génération docte, que tant d'adultes revenus de tout se plaisent à décrire à leur propre image maussade. Voici venir la nouvelle génération dévergondée et radieuse, encore que prudente, n'osant pas toujours, mais décapée de cette poisseuse poussière de faux savoir et prête à franchir le pas pour peu qu'on l'y incite...

Suis-je trop optimiste ? Faut-il toujours que le pessimisme des autres les arrange : de mon temps, se lamentent les héros fatigués... Mais chacun prête à sa propre génération, celle d'hier ou d'avant-hier, des 45, 58 ou 68, le bonheur d'avoir produit les grands crus de l'histoire, alors que les générations actuelles, soi-disant, n'auraient que des vendanges maigres... Bien sûr, moi, j'aurais tout donné pour appartenir à celle de 1760, sous Louis XV, et non à celle des Colin Ier. 1760 vit naître Saint-Just, Hoche, Laplace et Napoléon. Pourtant, la montée des classes moyennes, la généralisation de l'enseignement, et son nivellement ne changent rien au fond de l'affaire. Au lycée, dans ma classe de bachot, il y avait quarante-sept crétins, qui le sont restés, plus trois autres, poursuivant un destin ombrageux et libre, hors des sentiers rebattus, lesquels n'auront rien abdiqué. Cette jeunesse-là ne se mesure ni ne se paie. Si elle vous injurie, c'est que son mépris s'est changé aussi en brève interjection. N'a-t-elle plus d'avenir ? Entre le passé sans avenir et l'avenir sans passé, que choisir quand la mise au premier plan de la seule rationalité économique abolit l'histoire, et, pour la jeunesse, la chance d'en avoir une qui lui soit propre. Alors elle la change en simple imprécation. Que voulez-vous qu'elle fasse lorsqu'on ne vote plus pour élire quelqu'un, mais pour vérifier le bon fonctionnement des instituts de sondage ! On nous volera tout, même l'avenir : les modèles de civilisations indicielles se sont substitués aux agents déterminants de la réalité. L'immobilisme en est ainsi garanti. De même l'exploit optimal d'un politicien se mesurera au fait qu'on dise de lui : il a été moins mauvais que d'habitude. Le pire est devenu le degré d'évaluation du mieux. Plus égale moins, moins que rien, telle est la suprême finalité !

L'air blasé du spécialiste, le professionnalisme de l'insuffisant, le consensus de la juste médiocrité, et le calcul des masses qui en relève, sont autant de techniques d'anesthésie, mais concertées et sournoises. Aussi me refuserai-je à déterminer les chances, les emportements fiévreux de quelques-uns au taux d'abaissement du niveau de l'enseignement, et à la rationalisation d'une économie massifiée de l'avenir — laquelle n'aurait pour tous critères que ceux de l'économie elle-même, pour dévaluer la jeunesse, en la réduisant à s'aligner sur la production et la consommation de sang frais, à verser aux besoins exorbitants du Moloch de l'économie. Car l'université et les grandes écoles ont cessé d'être régies par le savoir humaniste d'un Montaigne —

les autres forment l'homme, moi je récite — pour passer sous la coupe de l'industrie — les autres produisent l'homme, moi je le consomme, déclare-t-elle...

Bref, il est toujours un blé inconnu, un orge, une lavande, une secrète ellébore, une mauvaise herbe divine, qui tue malgré l'absence de modèle, de maîtrise vraie, dans la permissivité douceâtre où les interdits se diluent. Ici ou là, il en est pour reprendre le flambeau oublié, et dans la nuit où les illumine ma page blanche, je déchiffre l'écriture tremblée des passions qui renaissent.

Or voici notre désordre, nos confusions : on ne peut plus penser sans buter aussitôt contre un dilemme absurde. Ou bien la pensée est restée libre, comme l'entend le libéralisme — mais c'est la liberté du rêveur impuissant, la même exactement qu'on laisse aux prisonniers — ou bien elle s'engage dans un conflit concret et découvre qu'il est social ou politique. Ce n'était point ce qu'elle cherchait, se vouant d'avance à des épreuves altières, à des quêtes plus nobles. Au jour, le jour, elle s'épuise. Elle s'embourbe en la basse administration. Hélas, la politique n'est qu'une petite chose. Est-ce que tout se ramène à des querelles de gros sous ? Est-ce que Marx et Ricardo, tous deux réunis, ont raison ? Est-ce que l'économique serait le dernier mot des souffrances morales ? Mais, ni le capitalisme anglais des origines, ni le communisme ne s'en restreignaient à cette pâte sans levain : pour l'un, l'impérialisme, le fol appétit de conquêtes d'un Disraeli, ou d'un Glastone, pour l'autre, la haine de classe, finirent par faire monter la farine, et dorer les croûtes. Quand ils sortaient tout chauds, ces pains, du four social de l'histoire, la devise entière se formulait ainsi : l'homme ne vit pas seulement de pain, mais de levain. Aujourd'hui, d'un côté le marxisme s'est changé en capitalisme d'Etat, et, de l'autre, le nouveau libéralisme, en capitalisme abstrait. Partout, le levain s'est retiré et ce pain, pain des anges, se fait avec de l'économétrie. Partout la même disparition des choses de la vie. Pourtant, rien n'a vraiment changé : pour peu qu'on sorte de sa chambre, on est forcé d'en convenir, l'économique vulgaire, à savoir l'emploi, le chômage, le commerce, l'épargne, et la peur grise des lendemains, sont les seules questions qui préoccupent vraiment les gens. Même Raimbaud, celui d'*Une saison en enfer*, étreignait la réalité rugueuse — et allons, ils nous disent tous d'aller à notre vie. Et moi, sans relâche, je dénonce cette subordination des esprits à la peur, ou au besoin. Mainmise infâme dont profitent les technocrates, en leur haine du politique, et où se laisse abuser une opposition prise elle-même au piège de l'économique — oubliant que seul le politique peut lui permettre de renverser la situation en sa faveur. Le chômage a-t-il jamais profité au parti de la liberté ? En laissant s'étendre et ramper, ce sont les forces de la réaction, tirant les ficelles du parti de la peur qui toujours l'emportent. Après la Première Guerre mondiale, l'Allemagne dévastée par un chômage autrement plus préoccupant que le nôtre (une gangrène, à côté de la plaie suppurante de nos agences pour l'emploi) a résolu le sien grâce à Hitler. C'est que l'impuissance à réinventer, en démocratie, le discours politique conduit immanquablement au fascisme, au collectivisme, ou à sa manipulation à petites doses bien injectées, par un libéralisme dont le faire-valoir se présentera toujours comme un antidote. « Giscard, dira l'inconscient, il sait ce qu'il fait, il ralentit notre course au désastre. » Quoi de plus faux que cette fable éhontée, dont tous les gogos se gargarisent ! Non, le libéralisme prévoit et calcule le taux de chômage comme il mesure celui du profit. Pour le calculer, il tire exclusivement son parti de la peur, puisque la peur même est son propre parti. Soit qu'elle l'incarne, soit qu'elle la répande habilement, c'est la substance même dont elle tire ses rêves, planant sur l'empire liquide où s'ébattent, poissons immondes, les colins, ces théoriciens de la clarté ne pouvant produire que des choses troubles...

Alors, quel discours tenir ? Il est vrai que si le peuple veut des programmes pratiques, il se contente en fait du verbalisme électoral. Quant à nos syndicats, ce sont des maquignons qui en sont propriétaires. « ... Combien de viande avez-vous, cet après-midi », entendis-je dire une fois, avant un défilé, par Séguy à Maire. Les Français sont des veaux. Et si de Gaulle avait raison, quel emploi leur trouver, sinon celui qui les prépare à l'abattoir ? Faut-il que nous soyons condamnés aux races inférieures, entre les bovins, et les colins ? Mais soyez rassuré, Colin Ier, on ne vous menace pas... Lorsque l'intelligence, dégoûtée, déserte le forum, c'est la bêtise qui s'empare des affaires publiques. Tout s'achève en dictature — peu importent les noms qu'elle se donne, le nouveau libéralisme, lui, est la dictature sans audace, apeurée, de l'économique. Plus question de pensée libre, je veux dire : de pensée responsable. Plus que libre, libératrice ! Plus que responsable, jamais séparable de sa création qui la sanctionne au double sens du mot ! Ô jours bénis si l'activité de l'esprit, au lieu d'être sanctionnée par le silence et la lente noyade dans l'anonymat, redevenait passible de prison. « La supériorité véritable produit elle-même la provision de forces qui cause sa perte », s'écrit Kierkegaard. Mais où se perdre ? Et pour qui ? Pour quoi ? Et par qui être perdu ? Et si le fou est celui qui a tout perdu, sauf la raison, il m'est souvent arrivé de la voir briller, raison folle, enamourée de grand large et de ferveurs neuves, dans les regards d'une jeunesse. C'est elle qui m'a soutenu tout au long de ma campagne européenne, et dont la chaleur me porte vers les présidentielles. Oui, en son nom, j'entre en politique comme en religion — la mienne s'appelle clairvoyance, et mon parti, le parti pris de la culture.

A cette jeunesse je parle. A l'écorce fraîche d'où coule la sève, à elle seule j'accepte de rendre des comptes. C'est elle qui détient la souveraineté alors que vous n'avez que le pouvoir. Et le grand vent emmêle sa crinière alors qu'il ne polit que votre crâne chauve.

Une idée simple prime tout : la culture commande à l'économie. Avec cette toute petite idée, à enfoncer comme un clou, il ne nous manque que le marteau pour qu'elle entre dans nos têtes. Mais à quoi sert un marteau ? La réponse de l'économiste sera : à fabriquer d'autres marteaux. Et ensuite, à les stocker, à régulariser le cours du marteau, ajoutera-t-il. Il ne lui viendra pas une seule fois à l'idée que le marteau sert avant tout à enfoncer des clous dans un mur et, accessoirement, dans son crâne de jean-foutre et de faux savant. Car rien n'est moins crédible qu'un économiste. Tenez, demandez-lui tout de go : « A quoi sert un colin ? », il appliquera aussitôt au colin sa théorie du marteau : « A faire d'autres colins. » Mais, pour une fois, il n'aura pas tort, même si je lui rétorque qu'un colin sert d'abord à être mangé. Si nous n'avions pas laissé se reproduire le colin, se multiplier à l'infini colins de bureaux, colins de banques, et surtout électeurs colins, nous ne serions pas dans ce bassin : les lois empiriques qui nous régissent n'auraient pas cette liquidité où les colins se meuvent — à l'aise — sur terre comme poissons dans l'eau.

Il faut en finir : la théorie de l'histoire selon laquelle l'éthique et la politique ne sont que des sous-produits de l'économique est une sottise. Elle consiste à confondre les conditions de la vie avec son objet propre, c'est-à-dire à s'imaginer que l'homme, du moment qu'il n'a que ses jambes pour marcher, ne marche jamais que pour aller s'acheter des souliers et des chaussettes. A supposer que l'humanité, comme sur deux jambes, s'appuie sur le boire et le manger, toute l'histoire n'aurait eu d'autre fin, sans doute, que le développement des muscles d'un mollet de chômeur en file d'attente devant un bureau de placement. Oui, comment s'est faite notre Europe ? Et l'Amérique ? Et la Russie ? Est-ce que les pèlerins du *Mayflower* débarquèrent sur le rocher de New York pour y cultiver un nouveau genre de pomme de terre qui supplanterait économiquement celui du Français Parmentier ? De même, quelle peut être la nouvelle Europe des colins froids ? Une glacière, une vaste entreprise de salaison régie par les banquiers ? Cette Europe, purement économique, simple marché monétaire, mais votée au suffrage universel, le peuple ne pouvait s'en enthousiasmer. D'ailleurs, on s'en aperçut : malgré tous vos moyens, vos médias, votre argent, votre fric, vos innombrables méthodes de corruption, vous n'avez su rameuter vers vous, lors des dernières élections, que 17 % des Français, la tête lourde de vent, mais les épaules trop étroites pour supporter l'histoire. Maintenant, nous entrons dans le contre-courant, et avec vous nous sommes tout juste capables de flotter. Comme poisson crevé.

Pourquoi reviendrions-nous à nos sources ? Oui, pourquoi même le tenter ? Ce serait un crime contre le réalisme dont l'autre nom est le laisser-aller. Quant au criminel, il s'étale au grand jour : crise économique mondiale, ce fleuve impassible. A qui la faute ? A personne... L'économie étant un bateau ivre, pas besoin d'alibi. Puisqu'il n'y a pas de gouvernail, les pilotes sont tous innocents. Singulière chose que l'économie ! Depuis le temps que le monde capitaliste est au bord du gouffre, la quille au-dessus de la chute du Niagara, en attente d'échouages hideux au fond des golfes bruns, on se demande s'il n'y a jamais eu d'effondrement économique. L'abîme est plutôt ici : le sens bizarre des mots, qui tend à leur contraire. Qui ne s'en est prévalu, au reste, pour feindre d'éviter le pire, c'est ce qu'il y a de mieux, étant donné le cours irréversible des choses...

Chacun a partie liée pour prophétiser la certitude de la catastrophe économique — les marxistes, pour annoncer la fin inéluctable du capitalisme, vieille manie, et les capitalistes eux-mêmes pour se poser en gestionnaires retors d'une fatalité qui les dépasse. Mais les cieux ultra-marins aux ardents entonnoirs restent muets, et à regretter l'Europe aux anciens parapets les aubes sont navrantes : toujours point de catastrophes !... A y voir de plus près, depuis l'écroulement de l'Empire romain, l'Occident, s'il n'a cessé de courir à sa ruine, à en croire les économistes, ne s'en est pas moins fabuleusement enrichi. De l'or de Potosi à celui des Indes, du caoutchouc de Malaisie aux diamants du Transvaal, faut-il croire qu'il n'a survécu que par les rapines, car autrement il serait incapable de se gérer lui-même, et que n'importe quel caprice arabe, aujourd'hui, peut le mettre en péril mortel ? Billevesées! La crise de l'énergie, les restrictions de pétrole, sont les dernières aubaines de la théorie du laisser-aller vers l'irrémédiable...

Mais quelques siècles après la fin de Carthage, Rome a succombé à la même maladie que sa grande rivale : non point à une crise économique, mais administrative, militaire, intellectuelle, en un mot à une crise politique. Car les crises économiques, elles, ont bon dos : l'Amérique et la Russie se seraient écroulées depuis longtemps avec leurs surplus de marteaux sans usage, et leurs clous incapables d'en chasser un autre... Pour réfuter ma thèse exaspérante, certes on me sortira des exemples convaincants. L'Ancien Régime, en 1789, n'est-il pas tombé par impossibilité économique et financière de subsister ? Plus près de nous, la République de Weimar n'a-t-elle pas succombé à des difficultés économiques qu'elle n'a pas pu résoudre. Les exemples analogues foisonnent, mais on omet toujours cette remarque frappante : ces difficultés économiques si graves qu'elles brisent les régimes sont toujours reçues en héritage par les régimes qui suivent, et sous une forme encore aggravée. Pourtant, elles deviennent ensuite bien moins nocives. Aux manuels d'histoire qui expliquent la chute de la monarchie, en 1789, par la détérioration financière du pays, il manque toujours un chapitre pour expliquer pourquoi la Révolution, apportant pour tout remède une guerre ruineuse et survivant à la terrible affaire des assignats, a pu s'accomplir. Et pourquoi le Troisième Reich a pu subsister après la République de Weimar, bien que les difficultés aient été les mêmes ? Les guerres, m'objectera-t-on, résolvent les crises. Nous n'en n'avons plus. Mais il s'est passé plus de dix ans entre la banqueroute de Wall Street, en 1929, et l'entrée en guerre de Roosevelt contre Hitler. Aucun raisonnement ne tient devant les faits : l'économique ne produit à lui-même que l'économique. Il est étranger à l'histoire. Et la crise, comme le marteau, ne sert qu'à produire des crises, qui, en se multipliant, s'annulent les unes les autres. Pour conclure provisoirement, seules les crises historiques peuvent être irrémédiables, je veux dire celles où le marteau s'avère impuissant à enfoncer le clou...

Et je dis, moi, que les grandes crises économiques (et la nôtre qui se prépare aussi) ont toutes la même explication, qui est tautologique : plus une crise est gérée par un économiste, plus elle est grave puisque le cours même de l'économie est de mener les hommes à l'abîme, tandis que les décisions et les initiatives qui marquent l'histoire humaine ont ce caractère commun : suspendre la logique économique. Toute aventure humaine passe par un défi, une provocation, au sens commun dont l'économie se voudrait être l'expression. Une science, non ! Une théologie ! L'écroulement du temple laisse ses prêtres impuissants, car leur peu de foi en avait fissuré les murs. Et dans le tabernacle, toujours le même ciboire : un colin vermoulu, pourri par la tête. Mais si l'esprit souffle où il veut, il bénit les peuples en qui les vents chassent les miasmes de l'économie et la culture est cette voile où s'engouffre l'histoire, entraînant les navires. Les voici qui entrent dans l'estuaire d'Adriatique. Oui, pourquoi les Vénitiens, qui avaient pu conclure des contrats privilégiés avec les Turcs, les dénoncèrent-ils, voulant conquérir leur indépendance ? Et qu'attendaient-ils de leurs lagunes de vase ? Quoi de plus insensé, pour les Hollandais, que de construire des barrages contre la mer, et de cultiver ces prairies salées, les polders ! Ô, dépenses exorbitantes dont la banque des Pays-Bas dénoncerait, aujourd'hui, l'absurdité ! Même Ricardo misait sur l'énergie humaine, la troisième dimension économique. De nos jours, ce n'est plus que de l'économétrie. Et les Juifs ont beau passer pour les meilleurs financiers du monde, je ne vois vraiment pas ce qui a pu les inciter à installer le peuple élu sur les lopins désertiques ornant Jérusalem. Que n'ont-ils choisi Koweit ? Au moins, auraient-ils eu le pétrole. Dans la vallée du Jourdain, il n'y avait rien à rentabiliser...

L'économiste ne peut résoudre la crise, puisqu'il en est la cause : il l'a produite. Tout économiste est nul par principe, pire, meurtrier dangereux, et vous êtes, colin froid, plus que nul, ressortant votre œil glauque dessus les eaux. Plongez, je vous en prie.

Et la question que se posent les gens n'est pas : Qu'est-ce que je ferai pour vivre, quand les taraude la peur de l'avenir, mais : Comment est-ce que je vivrai ? Et, n'en déplaise aux cuistres, la preuve est aussi simple que le suicide individuel. Du moment que vous avez résolu de mourir, vous avez vécu, et les économistes aussi. Vous n'avez plus besoin qu'ils vous apprennent à vivre et à fabriquer des marteaux. De même, l'économiste distingué, le colinoâtre spécieux, peut se dispenser de calculer l'augmentation de salaire du suicidé, il peut se dispenser d'évaluer la pension du martyr — même si, Nahum Goldman le confirma, la redevance allemande versée à Israël par Adenauer fut calculée sur le nombre des victimes de l'holocauste. Seulement voici, les Juifs n'ont dominé le monde que parce qu'ils ont été les derniers à oublier, n'en déplaise à ceux qui en douteraient, que la culture passe avant l'économie — un romantisme culturel la terre promise et Theodor Herzl, précédant puis fondant un martyrologe et une nation retrouvée, Israël. Le taux de profit optimum, seule la culture aura pu le leur fournir. Oh, secret d'un melting-pot prophétique !

Dans les profondeurs où je vous traque, je vous pose maintenant cette question. Comment a-t-on pu vous élire, Colin Ier ? L'explication par les facteurs politiques dépasse la question sans la résoudre. En effet, si ceux qui votent acceptent la politique de leurs politiciens attitrés, quelle idée se font-ils donc de ces derniers et, s'il s'agit d'un prince, quoi donc fait qu'ils le suivent aveuglément ? La cause en est, en langue idoine, le realpolitik, autrement dit au réalisme : politique dont l'irréalisme confine au délire. Ici, le marteau ne sert plus qu'à briser les autres marteaux, ou, à l'extrême rigueur, à enfoncer des clous dans le manche pour qu'on ne puisse plus s'en servir. Ainsi, le nouveau libéralisme ne cesse d'invoquer la prétendue nécessité, dont vous êtes l'arbitre unique, ou le réalisme dont vous êtes le prétendu garant. « On ne peut faire autrement, » déclarez-vous. Et pourquoi donc ? Le plus clair de cette doctrine consiste à affirmer lugubrement que les hommes ne se battent que pour des intérêts matériels, sans daigner s'apercevoir que ces derniers sont, pour chacun des hommes qui se battent, les choses les plus immatérielles. Personne n'aura envie de se faire tuer pour le retour aux frontières douanières d'avant 1977, mais, contre le spectre du communisme, on est prêt à tout. Personne ne s'immolera pour la sécurité sociale, mais un bonze attardé peut encore s'inonder d'essence enflammée dans les rues de Saigon, si les pompes fonctionnent encore, parce que les damnés de la mer de Chine n'ont trouvé, ni en Malaisie ni ailleurs, une terre d'asile. En Iran, on assassinera au nom de l'Islam, pas en celui d'un réfrigérateur à double congélateur. A Rome Néron aurait pu chercher longtemps avant de trouver à engager trois douzaines de chrétiens qui consentiraient à se faire dévorer par les lions à raison de 500 francs par jour, plus le petit déjeuner. De même, qui serait candidat à se taper sur les doigts à coups de marteau pour épater la galerie ? Toujours est-il qu'il faut enfoncer le clou pour se faire comprendre : pour la raison évidente que le martyre ne s'achète pas. Ainsi, Israël venant à se trouver enlisé dans la paix orientale, le mur de Jérusalem se changeant en mur du Loukoum, et la Knesset encerclée par une escouade de tapis volants, Begin, pour ressusciter l'idéal sioniste, serait bien en peine de trouver de nouveaux volontaires pour la chambre à gaz, même pour un million de dollars. De même encore, les kamikazes, ces suicidaires professionnels de l'empereur Hiro-Hito, ne se sont-ils pas lancés contre les porte-avions américains pour augmenter la production d'avions nouveaux.

Où veux-je en venir ? Pour tout dire, l'homme ne vit pas seulement de pain, sauf si la mie lui bourre le cerveau, il n'est point de politique sans idéal, sans éthique, ou sans histoire, ni même d'opulence économique qui ne soit la résultante culturelle de ces trois composantes. Tout le passé de l'Europe le prouve. Les États les plus riches étaient aussi les plus éclairés. Du Versailles de Louis XIV, sous Corneille, Racine et La Fontaine, à l'Angleterre de la reine Victoria, sous Kipling, Bernard Shaw et Oscar Wilde, jamais il n'y eut la moindre exception à la règle. De même, ces États étaient-ils aussi les plus fous. Pour le meilleur, ils étaient vraiment les meilleurs, et pour le pire, nul ne vit pire qu'eux. Seulement voici : le XVIIIe siècle anglais a vu naître la religion du monde moderne, Pitt l'a rodée, sous Bentham, Ricardo et l'ère victorienne se l'est appropriée, pour la mettre sur chaînes, la vendre à toute la planète : l'économisme. En ce temps-là, au moins, c'était un économisme à visage humain ; de Stuart Mill, Keynes à Galbraith, d'un côté, de Marx à Bernstein, de l'autre, on prétendait œuvrer, soit pour le bien-être de l'humanité, soit pour son émancipation violente. De nos jours, le libéralisme, nouvelle barbarie abstraite, ne s'embarrasse même plus de ces précautions : des puddings nauséeux d'un Stoléru, aux courbes statistiques, calculs grotesques des derniers venus, une universelle cuistrerie paraît s'être emparée de l'esprit public. Plus il est incapable, et plus le colin froid se drape dans la mayonnaise scientifique. A l'université, on n'enseigne plus que les sciences économiques et, quand, devant la presse, on nous en entretient, on fait appel à un spécialiste, quand n'importe quel balayeur pourrait faire l'affaire...

Cet avenir, il nous faudra bien un jour en décréter la faillite. Après tant de siècles de science et d'utopies réalisées, n'a-t-on rien trouvé de mieux, pour parer à la crise de l'Occident, que les colins froids ? On peut rêver de l'Europe d'hier comme d'un grand poème technique, sous le regard d'un albatros arachnéen, tissant des fils innombrables, invisibles, entre ses industries et ses songes prométhéens. On peut aussi ne s'en tenir qu'à son histoire : l'Espagne en est sortie trop tôt, et l'Allemagne d'hier ne réussit pas plus à y entrer au XXe siècle, qui aurait dû être allemand, au sens où le XVIIIe fut français. Elle s'y serait prise moins maladroitement, de Hitler au Mark über alles d'Helmut Schmidt, qu'elle n'en aurait pas moins hâté la lente débâcle de l'Europe tout entière, continent à la dérive. Mais cette histoire s'arrêtera car telle est la cohérence de l'économisme : une histoire qui prétendrait être purement économique cesserait du même coup d'exister. Fin de l'histoire, grâce à l'alliance du colin froid et du Schmidt, autre colin-cousin ? Ils le croient. Ils ont trouvé un truc : ils ont rebaptisé l'argent pour célébrer cette mort. Et que vive l'écu !

Moi, je vous ai à l'œil et n'ignore plus que depuis que vous avez pris vos pets, Colin 1er, pour la machine à faire de la fausse monnaie, vous en prenez à vos aises. Depuis lors, on s'est mis plus que jamais à penser par en bas, je veux dire, le cul, en un mot passe-partout, le sésame ouvre-toi de cette flatulence fécale, l'économie. Anus solaire ! Nouvelle source intarissable d'énergie !

Les chairs joliment rebondies des angelots joufflus de vos salons Louis XV, entre consoles d'or et chute de Phaéton, rutilantes de bronzes, deviennent des fesses entre lesquelles on entonne toujours le même air, d'un sphincter enrhumé et doctoral, plein de sa défécation prochaine — et ce, jusqu'à ce que le muscle constricteur n'en puisse plus, se laisse aller à la débandade de ses entrailles. Hélas, il n'est rien, à l'aube du troisième millénaire, que ne recouvre l'économie, en ses chutes molles de théologie fistulaire et prétendument fécondante des champs d'épandage de la monnaie.

Ô, hommes décervelés, vides ! Ô, basse poissonnaille ! En fait d'économie, à l'instar de Chateaubriand, je n'en connais qu'une seule : celle de mon mépris, tant est grand le nombre des nécessiteux.

Rien ne menace plus l'Europe, que l'Europe elle-même. Ni l'U.R.S.S. ni les U.S.A. ne veulent sa fin. Même Brejinski, conseiller international de Carter, déplorait récemment qu'elle ne soit pas « un partenaire plus vigoureux, l'interlocuteur difficile, sans lequel rien ne peut se faire ». De même, la France, dont nul ne parle plus dans le monde, puisqu'elle paraît être définitivement alignée.

Sur quoi ? Sur une mesure invisible : la moyenne. A puissance invisible, théorie de la moyenne. D'ailleurs, le colin nage en moyenne profondeur, où l'on pêche, ni chair ni poisson, ce vertébré inférieur qu'aucune sauce ne réussit à me faire avaler. Et qu'est-ce donc que cette moyenne mystérieuse ? N'est-ce pas la température idéale du thermostat ? Eh oui, Colin Ier, vous avez tout compris : la température, votre bain tiède, anesthésiant, c'est la moyenne. Pourtant, ne nous avait-on pas enseigné jadis : plus un entendement a d'étendue, ou de perspicacité, moins il multiplie les idées moyennes (Bossuet) ? A savoir étriquées et nageant dans leur propre indétermination. En morale aussi, selon saint Augustin, les choses moyennes ne sont point admises. En justice, au Moyen Age, c'est le terme même qui désigne la justice subalterne, par opposition à la justice royale. Pour la vertu, c'est celle qui définit l'équivoque : une femme de moyenne vertu. Mais en chauffage de thermostat, c'est la juste mesure. Le bon choix, c'est la bonne moyenne, ni trop chaud ni trop froid. Pour passer douillettement l'hiver interminable de l'histoire, il convient de confondre la mesure et la chose mesurée. En tout, une même mesure, l'étalon des besoins matériels de l'être humain : la moyenne. Quelle est-elle ? Plus j'essaie de la déterminer, plus se renforce ma perplexité. Quelle pointure chausse un homme moyen ? Du trente-neuf, ou du quarante-trois ? Quel est son tour de taille ? Combien pèse-t-il ? Comment baise-t-il ? Comment rencontrer ce spécimen unique ? C'est que l'homme moyen n'existe pas : il faudrait lui raboter les pieds sur le billard, réduire son crâne, gonfler sa rate, recoudre sa plèvre, pour que l'idéal vers lequel il tend soit pleinement accompli. A défaut de pouvoir fabriquer ce monstre, essayons au moins de savoir combien d'heures il doit dormir, quels sont ses journaux, ses pantoufles, et quelles habitudes, pour tout dire, fabriquent un homme moyen. Que quelqu'un, ou plutôt qu'un professeur d'économie, nous établisse cette moyenne idéale et nous la soumette avant le milieu de la semaine prochaine. Il nous la faut d'urgence.

Sinon, que faire ? Toute la saga occidentale, de David à Goliath, toute sa science, des micro aux macrocosmes, toute sa physique et sa chimie vomissent cette moyenne qu'exaltent la statistique, les instituts de sondage et les thermostats. Classe moyenne, classe dangereuse, elle n'est connue que pour ses excès. Plus elle est moyenne, moins elle respecte la sienne. La loi de la moyenne — principe de la démocratie, selon Whitman — mène toujours au pire, si elle n'est pas régie par le vrai contrat social de notre modernité : le New Deal individualiste. Elle porte aussi un autre nom : l'élitisme sauvage. Toutes nos dissertations fades sur l'égalité, toutes ces abstractions, jadis si exaltantes, achoppent devant cette funeste petite hypothèse : la moyenne. Et pour ce qui est de l'individualisme, comment l'exercer, si la moyenne, tyrannie du plus grand nombre sur quelques-uns, rend inconvenante ou suspecte toute tentative de s'élever au-dessus de la mêlée ? La guillotine n'est pas remisée au magasin des accessoires de l'horreur morale : elle est le fonctionnement abstrait de la société libérale après qu'elle a rejeté l'individualisme dans son application quotidienne, pour revendiquer la permissivité, comme son simulacre. Dès lors que vous relevez un peu la tête, on vous la coupe. Et si vous voulez vous pousser du pied, vous aurez vite fait de vous apercevoir que la société est faite à l'image du fameux lit de Procuste ; on y rabote tout ce qui dépasse. Relevez-vous ! Il est trop tard, l'humanité tout entière n'est plus qu'un troupeau claudicant d'infirmes raccourcis pour faire bonne mesure : la moyenne. Quant à l'homme moyen, il existe, je l'ai rencontré. Cet homme, l'homme au bodygraphe, passe à l'exécution capitale chez son tailleur lui-même. Quant à la chambre de torture, point n'est besoin de réveiller les fantasmes de l'Inquisition, ou de fouiller les caves de la rue Lauriston, il suffit de fonctionner chez soi, au thermostat social et financier, que cet employé du gaz, colin de service, vous installe à domicile. C'est la gégène molle, le bain où l'on ne cesse de vous replonger la tête. Oui, colin, vous avez tout compris. Le pouvoir, c'est le monopole d'État d'un instrument de mesure. Pas plus compliqué ! Ainsi, vous suffit-il de vous régler vous-même sur le rien, postulat et tropisme fluctuant de la moyenne, pour trouver le mode idéal de gouvernement. Va donc, Machiavel de compteur à gaz ! Robespierre de régulateur social. Une seule loi, le chien crevé au fil de l'eau, ne rien faire, ne rien vouloir, le laxisme se drapant derrière la compétence hautaine du spécialiste.

— ... il n'y a que ça à faire.

Seulement, voici : toutes les mesures, tous les dés de l'indicateur social étant pipés, notre crise économique étant elle-même incurable, et notre maladie culturelle mortelle, il ne reste plus que l'anesthésie... Ce n'est pas au mal, mais à la torpeur française, que nous connaissons la gravité, le caractère irrémédiable du malaise de la civilisation européenne. A son économie en réanimation, sous tente à oxygène, et à sa politique de tranquillisants et de mensonges, il n'est plus qu'un signe pour indiquer la cote d'alerte comme montent les eaux où foisonne le colin. Et c'est l'ennui. Le prodigieux ennui de la société française, toute à ses redites et à ses commémorations ! Quand l'ennui s'installe, c'est le signe que la vitalité humaine baisse, et que le lien entre l'homme et l'univers est usé. Plus de frottements, tout glisse. La situation idéale de l'économie libérale, où les viscosités deviennent transparence, est là : une déperdition d'énergie telle que c'est la vie elle-même qui s'en va. Ne subsiste plus, au sens nietzschéen, qu'une politique réactive : plus de lieu d'affrontement entre une volonté et un destin. Tout devient pure communication. Des hommes aux hommes, du prince aux hommes, ou réciproquement, le dialogue s'interrompt, pour se changer en morne écoulement d'une immense tuyauterie, allégorie fluide de nos agonies.

Suis-je clair en ma métaphore ? Quand vous vous mettez à avoir des poissons dans le sang, c'est que seule l'eau coule dans vos veines. Si le colin froid vous monte au cœur, un battement de plus, la valve s'ouvre, et vous devenez colin. Vous vous écoulez d'un affluent à l'autre de la circulation du corps social. Tout se passera par le dégraissement, la vidange, la lente rotation des vaseux communicants. On ne dialogue plus : on communique. On ne s'exprime plus : on publie un communiqué. On ne pense plus : on fait une communication.

La machine universelle ne sécrète plus d'autre loi que l'huile nécessaire à sa propre lubrification.

Renforcement du secteur tertiaire, de l'informatique, des télécommunications, des satellites, et des prestations de service, la prestation toujours, quand c'est le service lui-même qui se dérobe, et se fait payer justement à ne rien être. Enfin — et *nec plus ultra* —, renforcement du pouvoir lui-même, dictature du rien. Ainsi, le progrès réalisera-t-il son accomplissement ultime : le mode le plus abstrait de la communication, le moyen devenant à lui-même sa propre fin.

Ah non ! je ne désespère point ! Colin Ier, colin parmi les colins, colin moyen, le colin lui-même n'étant que la moyenne de tous les colins qui le composent, vous n'êtes qu'une variété des sous-hommes engendrés par une société anémiée et dépossédée. Ce qu'il nous faut désormais : des Galilée, des Newton, des Einstein, découvreurs et non inventeurs, des Pic de la Mirandole, et aussi des Surcouf, des Voltaire, des Byron, des croyants, des saint François d'Assise, des saint Ignace de Loyola, des fondateurs, des Nietzsche, terribles négateurs. Tout homme qui amènera une nouvelle révélation, je veux dire une révélation différente, qu'il soit homme d'État, philosophe ou poète, sera un sauveur. Toute l'énergie qu'engendrera son action bouleversera le monde — et cela fut vrai aussi bien pour Bouddha que pour le Christ, Frédéric le Grand, ou Marx. Ô, délire ! Ô, puissance de la poésie — mais du Lucrèce du *De natura rerum* aux plus riches postulats chiffrés, il n'est de découverte qui ne soit d'abord poésie. Qu'un nouveau rapport s'institue entre l'humanité et l'univers, le voulez-vous, ouvrez vos fenêtres, aérez-vous de toute cette puanteur, ce sera la formidable libération d'énergie attendue : l'homme redécouvrira le soleil, illuminant les cieux d'un éclat insoutenable, non point cette enveloppe de gaz en fusion, rien de neuf sous ce soleil physique utilitaire, mais le soleil de Mithra et d'Hélios, celui de l'Acropole et des Incas, soleil de l'avenir, le soleil métaphysique...

Dérisoire acharnement, je le sais, que de couvrir de sarcasmes un colin froid ! Au reste, je n'ai pas de suite dans les idées. Ce pamphlet défie les lois du genre. Il est foutu comme l'as de pique. Mais que voulez-vous ? Un colin, ça ne tient pas la route, on bâille, on s'endort au volant... le colin, ce n'est vraiment pas mon affaire, ni celle de personne. Moi, je vais plus loin ; la douleur de la pensée, les vastes cosmogonies, la vision transhistorique et Moloch sont mon souci tenace, l'affaire de ma vie.

Oui, Moloch, vous connaissez ?

Si l'économie a pu se substituer à la fois à l'histoire, à la politique, et à la religion, en une lente détérioration depuis le XVIIIe siècle, c'est que les hommes adorent un veau d'or, une nouvelle divinité : Moloch. Morne dieu de l'économie, son culte est le mauvais génie des puissances marchandes ; il inculque aux grands financiers le ferme bon sens et l'esprit pratique, aux experts de saines recommandations, aux hommes d'affaires des points de vue positifs, et aux gouvernements des vues technocratiques. Il a même son temple, qui s'est mis en place depuis la fin du patronat de droit divin — au capitalisme individuel, celui des bâtisseurs d'empire et des fondateurs d'entreprise, de Cecil Rhodes à Rockefeller, de Wendel à Krupp, aura succédé celui des nouveaux théologiens, le capitalisme financier. Lui seul régit la planète, de la Chase Manhattan au Crédit Lyonnais, il s'appelle : la banque, où officient nos nouveaux prêtres de Moloch, qui ont même le culot de mettre en publicité : « Votre argent nous intéresse. »

Avez-vous déjà vu la façade d'une banque délabrée ? Non. Si vous n'êtes pas convaincu par mes arguments analogiques, ma dialectique télescopée, traversez notre pays, la France des profondeurs, comme on dit, où foisonne le colin d'épicerie, de comptoir, de tiroir-caisse : son nouveau visage de pouvoir, et qui la rend méconnaissable, est celui de la France défigurée, celle des banques. Pas un hameau qui n'ait la sienne. Là où jadis les pharmacies, les bureaux de tabac, où les artisans dressaient leurs devantures paisibles, on peut lire : Crédit agricole, Crédit mutuel, le colin vous fait crédit, pour se rattraper sur les agios, en trafiquant non plus sur les papiers du roi, selon Saint-Simon, mais sur la crédulité du peuple.

Et pourquoi, me dira-t-on, invoquer une divinité si redoutable, un mythe si terrifiant, Moloch, à propos de vulgaires colins ? Au-dessus des monts du Latium, Moloch dresse sa face hideuse : tel Baal, guidant Hannibal contre Rome, il foule toujours les vignobles italiens sous ses talons de fer. Et les Carthaginois adoraient Moloch, tandis que les Romains vénéraient leurs dieux lares. Et quelle est l'immémoriale idéologie molochienne : ne croire qu'à la peur. La mort étant, d'après eux, plus forte que la vie. Celle-ci n'est qu'un fétu de paille, à la bascule des choses ; seul pèse l'inerte, l'acier, le pétrole, les masses quantifiées. Moloch, c'est la divinité plombée que chaque siècle vénère à sa manière : hier, elle eut la force d'un mythe obscur, de nos jours, ce n'est plus qu'un Moloch dyspepsique, ne pouvant assimiler que des victimes déjà analysées en leur propre élément. Protéine requise, glucose, régime aux enzymes gloutons, il n'a même plus besoin d'hommes, il se gave aux acides aminés.

N'importe ! Ce Moloch économétrique a d'innombrables adeptes. Nos Carthaginois sont de bons Français. Ils sont rasés de frais, ont des tondeuses à savon, ils se curaillent les chicots de picaillons de chair humaine. Tel est le nouvel ordre cannibal : le culte de Moloch consiste à dévorer ses propres enfants, même que ça doit être bon ! Les avez-vous vus, ces parents indignes, se pourlécher les babines ? Métaphoriquement, c'est l'application de la fameuse mentalité financière avec ses seuls prétendus impératifs économiques, à la conduite d'une nation. Cela s'appelle aussi le réalisme gastronomique : nul n'est jamais si bien servi que par soi-même. Autophagie aseptisée !

Aucune autre perspective, pas de défi, un perpétuel remâchage du même bout de gras. La placidité torve d'un ruminant, mais appliquée au sentiment tragique de la vie. Humanisme à l'étal ! Le morcellement que la valeur d'échange impose au vivant ne tolère que des embryons visqueux dans l'éprouvette sociale de la rentabilité. Plus d'histoire. Le circuit économique molochien est ce qu'il est : un jardin d'enfants érigé en magasin d'alimentation.

Quant aux colins, s'est-on bien donné la peine d'étudier leurs coutumes ? « ... Il arrive qu'avec leur mâchoire cartilagineuse, après le frai, ils dévorent une partie de leur propre ponte, ce qui explique l'immense déperdition des œufs » (*Encyclopedia piscis,* Karl Kurt). Du culte de Moloch aux pratiques du colin froid, par les détours aberrants de l'évolution humaine, la liaison perdue, cette algue sinueuse, enfouie dans les vases est retrouvée et remonte, toute ruisselante de l'eau, au soleil implacable de la conscience, comme le long maillon manquant de cette chaîne brisée.

Or, la chance inouïe de Rome, en ces temps reculés, au bord des tombes sous la coupe d'Hannibal et de ses caravanes d'éléphants, aura été d'avoir, à Carthage, les antiques colins, les brasseurs d'affaires, au pouvoir. Avec ce coup d'œil infaillible qui distingue les véritables réalisateurs, ils voient clair dans la situation : Rome est finie et les gens, par conséquent, ne sont pas assez bêtes pour résister. Tel est le bilan : il reste à donner au gros bon sens commercial des applications concrètes, celles qu'un Colin Ier, en pareil cas, décréterait lui-même. « Ba la beine, Bessieurs, de bettre en béril la croissance sobre. Les éléphants, ça consomme trop de pétrole. » Bref, les guerres se font avec de l'argent, elles coûtent cher : l'heure est venue de mettre un frein aux continuelles exigences financières de cet Hannibal qui réclame sans cesse des renforts, anachronisme ridicule, à l'heure où la reprise des affaires exige la plus vigilante attention. Ainsi coupe-t-on les vivres au conquérant, il en est réduit peu à peu à plier bagage : la tragédie des nations commerçantes, plus leur faute, est toujours cette présomption que la stupidité est un placement sûr — une sorte d'assurance-vie, et la rente viagère des analysés politiques. Mais, à la Bourse de l'Histoire, l'effondrement du cours de Rome suivit. Quand les choses se retournent, les Romains, se frottant les yeux, découvrent que, des cendres qu'ils ont daigné disperser du pied, un incendie nouveau vient de renaître et dévore tout devant lui : Hasdrubal vaincu, Hannibal débordé, Scipion porte la guerre en Espagne, puis en Afrique. Carthage sombre, et la ville neuve n'est plus qu'un nom sur le sable, où plus une pierre ne demeure qui marque le lien de sa splendeur passée. Mais des siècles plus tard, après la dernière guerre qui achèvera de consommer la perte de l'Europe, des ouvriers fouillant ses fondations ensevelies, mettent au jour sous leurs pioches les reliques de sa religion, un amas de squelettes minuscules, et même, ajoutent les mauvaises langues penchées sur ce cahier où le passé, rumeur d'une tragédie assourdie, étaie mes prophéties sur l'avenir de nos civilisations, les épines dorsales et les arêtes d'un poisson inconnu — Colin, quand tu nous tiens...

Carthage, comme la France, l'Europe de demain, est tombée pour sa foi, pour avoir poussé ses principes jusqu'à leur terme logique : Moloch a dévoré ses propres enfants. Le marteau aura mangé le marteau. Alors, où frapper ? Notre nouvel avant-guerre se constitue de tant de guerres invisibles, rampantes, après-guerres innommées, dans les entrailles sociales des nations. Rien ne se déclare jamais : les nouvelles guerres ont aussi leur nouveau style, le style tristement in, à la mode, le colin-maillard. Il se joue à l'aveugle. Qui est l'ennemi ? Toujours il nous glisse entre les doigts, ce poisson simple. Est-ce l'État ? Est-ce la banque ? Est-ce le capital-travail ? Est-ce le salariat ? Ou le chômage ? Toutes choses se dérobent à mesure que l'on croit les étreindre : l'indétermination règne, tout se tient, mais tout est, les mots pour ce qu'ils ne sont plus, insaisissable. De même n'y a-t-il plus d'affrontement, de corps à corps, toujours : le glauque et la glu.

La société, elle, toute pareille à une femme assise, Mademoiselle Express, vestale officielle, écartant ses cuisses maigres, se prête sans joie à tous ces attouchements humides. « ...Oui, votre doigt fera la différence, Colin Ier. » Le corps blanc du vagin, les sérosités suintant sur les chairs, par la fente écartée d'une matrice perpétuellement insatisfaite, ne distingue plus, ni du sexe ni du poisson, la pénétration de son visiteur équivoque. Jadis, nations, n'offrions-nous plutôt l'ordre et la beauté des ruines, ayant la grâce des jeunes filles ? Et des fleuves semblables aux vers des grands poètes ? Pour tant de vérités nouvelles, lasses des anciennes, des prairies où le riz sauvage mûrit au bord du Mississippi, et les noires cyprières drapées dans la tillandsie argentée — terre, ô paradis funeste, où l'Amérique s'étale largement ouverte, en isthme moite, tressaillant aux tropiques. Et moi, qui suis-je ? Français ou Breton ? Européen ou perpétuel vaincu d'une société de l'ondoiement, de l'indétermination ? A tout ce qui se dérobe, ou se dissout, on mesure cependant les défaites. Ce qui disparaît du tissu conjonctif de la nation est la conséquence même des enjeux de cette guerre, guerre à la culture, guerre culturelle sans merci où l'on n'épargne personne. Et voici longtemps que la guerre ne se déclare plus : elle se fait. Qui sont ses protagonistes ? Nul ne le sait. D'obscures mêlées vous rejettent du côté de l'ennemi, et c'est l'autre qui vous ressemble, votre frère, Caïn aveugle, que vous ne cessez de prendre à la gorge...

Pourtant, guerre, je vous aime. Ma mère, la guerre, je vous respecte plus qu'aucune femme au monde. Vous m'avez éduqué et armé pour vous servir. Mon instinct d'agression reste intact, et toute ma férocité naturelle, je l'emploie à défendre mon territoire. Il est moral : hédonisme singulier, mon seul bonheur physique penche soit du côté du plus fort tempérament révolutionnaire, soit du plus grand esprit d'entreprise. Il est physique : j'aime frapper, je me plais à provoquer, je traverse même la rue pour aller gifler l'ennemi avec qui je risque, demain, de me réconcilier, de m'affaiblir. La guerre est le principe de mon action, son musc, son suc et sa saveur, l'épice d'Indes noires de mon noyau de nuit.

Depuis que l'Europe n'est plus en guerre, elle a perdu la sienne. 14-18 ou 39-45 n'ont rien été à côté de la lente décadence de trente-cinq ans de paix. Les morts d'ennui et de médiocrité, les rayés de la carte de l'esprit par les accablantes réformes de l'enseignement, les lobotomisés de l'histoire, les amputés de l'art, les paralysés du gai savoir, n'encombrent pas seulement les hôpitaux, avec ses pensionnés de la sécurité sociale, mais les cimetières de centaines de millions d'innocents consentant à leur propre génocide. Le fascisme technologique, technocratique, aura tué plus de gens que Mussolini lui-même, cet enfant de chœur. Je passe la parole à P. P. Pasolini : « ... C'est la charrue à côté du tracteur. Le fascisme, je tiens à le répéter, n'a même pas été capable d'égratigner l'âme du peuple italien, tandis que le nouveau fascisme, grâce aux nouveaux moyens de communication et d'information, l'a non seulement égratignée, mais lacérée, violée, souillée à jamais » (*L'Hédonisme de masse*). Non seulement je suis vaincu, mais spolié. On m'aura tout pris, les haillons du poète et les semelles de vent, le luxe inouï de l'imagination, la harpe d'herbes et la dépense folle de mes rêves. Parce qu'ils savent, les barbares envieux, que rien n'est plus précieux. Si au moins ils avaient su s'en servir, je les leur aurais bien volontiers abandonnés. Non, leurs doigts gourds ont brisé les cordes rares. J'en reste sans voix, mais enivré à la perspective d'une expédition de vengeurs.

Monte-Cristo je serai. De toutes mes forces vives, inentamées, je veux cette guerre pour reconquérir mon propre bien. Le soir, je prie pour elle, comme les paysans égrènent un chapelet pour que tombe la pluie sur la récolte. Une guerre, oui, abreuvant les grandes moissons de l'avenir. Le matin, quand j'ouvre ma fenêtre, par un ciel d'orage, le premier coup de tonnerre est déjà la rumeur assourdie de l'autre côté du jardin, de la guerre faisant rage derrière la colline. Puis je cours me rejoindre là-bas.

Je bats mon propre rappel, je m'enrégimente, je deviens légion. Pareil à Hannibal, je suis parti conquérir Rome, avec mes éléphants de bois, mes santons noirs, mes figurines inouïes, et toute la panoplie de mes rêveries d'enfant attardé.

Oui, j'en appelle furieusement à la guerre. Par-delà la morale du bien, elle est la morale du devoir. Ici, elle commence, on l'appelle aussi : devoir de connaissance. Les affrontements passés et à venir nous apprendront qui est l'ennemi. Au-dehors ? Les Russes, les émirs d'Arabie, les Yankees ? Au-dedans ? Les bourgeois, les Juifs, les antisémites, les bureaucrates, les cadres, les bougnoules, les journalistes, les technocrates, les valets aux ordres ou les banquiers ? La tour de Babel n'est plus qu'un melting-pot, tournoyant frénétiquement à vide. Shaker occidental ? Servez glacé ! Mêlée confuse, combat de nègres dans un tunnel — la guerre est au noir, comme le travail du même nom, elle se fait en marge des lois. Des colins et des hommes, qui est le colin, qui est l'homme ? Qui sont les morts, qui sont les vivants ? Toujours est-il que si rien ne les distingue apparemment des poissons — tous descendants du piscicanthrope paléolithique — et des êtres humains, les derniers fous de liberté, ces enfants perdus de Till l'Espiègle, adultes nés trop tard en un monde pourri, ils ne cessent de s'entretuer. Plus de frontières, plus d'uniformes. Les uns et les autres tiennent parfois le même discours de la liberté, double discours, et les mêmes mots leur servent à des fins totalement opposées. Toutefois, les colins prétendent qu'il n'y a pas de guerre — la décrispation étant le slogan pacifiste avec lequel ils sonnent notre retraite. Il ne peut s'agir ici que du relâchement des sphincters de la mort — car la guerre est commencée, mais pas des fins dernières. La guerre ? Êtes-vous fou ? Non. La guerre fait rage et le vaccin de la guerre, c'est la guerre.

Sans doute, le dernier homme politique que nous ayons eu, Michel Debré, sacrée vieille carne, s'écriait récemment : la guerre est déclarée. Guerre économique, guerre idéologique, la guerre est partout. Demain, il sera trop tard. Car la nouvelle guerre n'a rien de plus diabolique que de ne pas ressembler à toutes celles qui l'ont précédée. La guerre libérale est invisible. Quand le poisson mange l'homme, le culte de Moloch se perpétue, se transmet de bouche à bouche, en un cannibalisme métaphorique. Pas de sang, pas de cadavres apparents. Le Vendredi saint, désormais, on vous sert l'homme libre pour le jeûne. Mais qui le remarque ? C'est le règne sans partage de l'industrie du surgelé. La guerre froide : on vole les corps chauds. L'école des cadavres. On est à la morgue avant même de pouvoir se battre. Hors d'Europe, en Asie du Sud-Est, en Afrique, les pays en voie de développement nous rappellent à point que les guerres classiques se poursuivent toujours. Guerres à la charrue. Pom,

pom, pom, sang impur, etc. Elles entretiennent de ces sanglants combats d'arrière-garde dont les bonnes âmes font leurs choux gras, et l'intelligence de l'époque les frais. Jeux de cirque, avec gladiateurs d'une Rome harassée misant sur le mercenaire du Congo ou le Khmer rouge, ne cessant de ressasser sa propre devise : *Panem et circenses.* Le cynisme, jadis mis en pratique avec la politique des dominos, n'est même plus de mise.

Et il s'agit bien de la suprême hypocrisie libérale : guerres classiques, massacres, goulags, boat people sont toujours les bienvenus. On est prêt à s'attendrir sur les victimes les plus éloignées. Les libéraux aiment passionnément les peuples opprimés — sauf celui qu'ils oppriment. Secourir les Chiliens, pleurer les petits Vietnamiens, payer pour le Juif d'U.R.S.S., on n'a jamais rien inventé de mieux pour oublier la désespérance de Billancourt que la Biélorussie et l'accord d'une âme sensible au souci de ses intérêts. Mais toujours le colin met une petite condition à sa pitié ; c'est qu'elle soit inutile. Or l'utile étant sa raison d'être, on ne voit pas ce qu'il y a à gagner, sinon à détourner l'attention de la guerre inavouable qu'il mène au-dedans.

Bien sûr, moi, je suis bon, la misère me fait monter les larmes aux yeux, l'injustice me donne des ailes pour voler au secours de l'opprimé, rien de ce qui est humanitaire ne m'est indifférent. Mais je ne suis ni médecin sans frontière ni ambulancier. Ma vocation n'est pas la Croix-Rouge, elle est de porter la guerre, partout où je vais.

— Que faites-vous ? me demanda Victor Hugo la dernière fois que je le rencontrais. Avez-vous enfin achevé votre sinistre pamphlet ? La nuit dernière montaient des fusées éclairantes de votre balcon.

— Oui, lui répondis-je, j'écrivais. Alors, forcément, les dernières lueurs de mon intelligence s'élèvent comme des feux d'artifice. Mais le jour venu, je me recycle, je m'arme, je nettoie mes canons, je rassemble mes munitions.

— Les soldats de l'an II n'auraient pas fait autrement. Bravo, continuez, car on ne trouve plus que du poisson avarié au marché Saint-Paul. Regardez...

Il ouvrit son cabas à provisions. Au fond, des têtes de colins décapités, dégageant une odeur insupportable.

— C'est pour les pigeons, ajouta-t-il.

Déjà, les volatiles gris, descendus des hautes corniches, des toitures, n'avaient pas attendu. Bientôt, ils furent des centaines sur le gravier, sur notre cou, sur nos épaules, picorant les yeux glauques, se disputant l'écaille, couvrant de fiente nos habits. Froissement d'ailes, pigeon vole. D'ailleurs, où que vous soyez, vous êtes toujours pigeonné...

Où rester ? Où partir ? La liberté d'indifférence, je ne connais rien de pire. Le pigeon, c'est nous. Choisissez la grande société de secourisme international, la multinationale de la pitié. On vous engagera dans le baume des Pyrénées et la charité, à panser les plaies, la peau brûlée des bonzes de Saigon, ou à cautériser les grands saignements de l'âme occidentale déconfite. Service inutile. On vous invite à gérer les conséquences pour oublier les causes. Vous croyiez partir en héros, vous débarquez en infirmière, une voilette blanche sur la nuque. Avec tout le sang versé, au moins pouvez-vous vous recycler dans le vampirisme. Pour les fils de Byron et de Guevara, un seul avenir, devenir brancardier ! Car, à sucer le malheur d'autrui, on n'en revient plus de son propre bonheur. Des dents de vampire vous pousseront. L'Occident se saoule lui-même à l'hémoglobine. On en pleure de joie. Amnistie sur le passé, parce que l'histoire redevient absurde, irresponsable. Vos propres fautes vous sont obligatoirement amnistiées. Amnistie lobotomique : faites tuer quelques millions de pères, mais au moins adoptez quelques orphelins pour perpétuer la race. Moi qui suis fils universel, j'ai les yeux secs, brûlants, contemplant l'océan de nos turpitudes hypocrites, sauf quand de trop fortes vagues balaient les embruns sur mes paupières flétries.

— Allez à Jersey, je vous laisse ma maison, m'offrit généreusement Hugo. La clé est toujours sous le paillasson, près de la porte.

Mais l'exil n'est plus qu'une alternative désuète. Le libéralisme a trouvé mieux : il vous exile au-dedans. Vous gardez la liberté abstraite, on vous retire la liberté vécue. Quand je me tourne entre mes draps, les fils de fer, des fils de fer barbelés, déchirent mes paumes. Que puis-je vivre, sinon ce que je rêve ? Où que je sois, je suis ailleurs. Jersey, c'est ici. Jersey, c'est la condition humaine. Jersey, aujourd'hui, c'est l'exil intérieur.

Personne n'en meurt, mais personne n'en réchappe. Il ne sert plus à rien de partir ; le mal est partout, indifférencié, protéiforme, fuyant, insaisissable, mal mou, globule blanc, phagocyteur, Moloch de la grande leucémie du corps social. Comment le combattre ? En lui déclarant une guerre impitoyable, au grand jour, avouée, en le débusquant partout où il se cache, en lacérant les édredons de notre vie ouatée, cotonneuse. Nouvelle camisole de force ! Monde matelassé ! Chacun est enrobé dans des langes. Plus de classes, des couches sociales, comme dirait Gambetta ! Ah, les couches ! Caca clair des nourrissons des nouvelles couches sociales. Désormais, messieurs, vous en tenez une de ces couches. Tel est le cauchemar blanc, dévoré aux enzymes gloutons et à l'essoreuse du temps qui passe, vieil homme blanc, tous les jours on te lave plus blanc, aux arêtes et à l'acide gras, au degré zéro du non-être. Et le prototype du libéralisme s'appelle : l'homme lessivé. J'ai prononcé le mot juste ; pas propre, lessivé. Malbrough s'en va-t-en guerre, mironton, mirontaine, il ne reviendra ni à Pâques, ni à la Trinité. Il n'est pas mort, il est tout bonnement lessivé. Il n'est pas responsable, il est rincé. Il n'est pas fourbu, il est essoré. Il n'est pas détaché, il est séché. Tout est dans la grande lessive, le Pilate technocratique s'en lave les mains de son triste destin. Pourvu que né podagre, l'infirmité de son âme hâte le décrassage de l'intelligence sociale, le ponçage de l'histoire et de la philosophie, l'évacuation de tout ce qui rend la vie digne d'être vécue, l'audace, le risque, l'esprit de conquête.

Enfant, écoute ce que te dit encore ta mère, la guerre. Jamais n'abdique, serre les poings. Hais. Oui, réapprends à haïr. Tu penses, donc tu hais. Tes premiers pas hésitants jadis étaient des pas de haine. Tu tendais ton poing contre ce faux infini. Ne désarme jamais. Hais. Cambre tes reins. Reviens toujours à la charge, inlassablement répète le même évangile moderne : Tu haïras ton prochain comme toi-même. Pas de pitié pour les forts ! A la guerre comme à la guerre. D'ailleurs, en guerre je suis depuis ma naissance. Je décochais déjà des flèches d'Indien contre l'ennemi invisible : Moloch. Blotti, en larmes, dans les jupes de la guerre ma mère, je lui confiais — ... Il ne me mangera pas. D'aussi loin que je regarde en arrière, Moloch ne m'a toujours pas mangé. Dans les jardins d'Hamilcar où je suis revenu vivre entre mes parents le reste de mon âge, je répète, à l'heure d'été où j'écris ces lignes en ma fièvre : Tout m'est Carthage et Rome à la fois, les planches de Deauville sont ma voie Appienne, et les falaises de la pointe du Raz les murailles fortifiées de la capitale intime de ma douleur. Maman la guerre me dorlote sur ses genoux. « ... Repose-toi, mon petit Hannibal. Demain, la journée sera rude. Une prodigieuse guerre métaphorique est entamée. J'ai la fleur à la boutonnière. Le vent se lève. Toujours le poète répète : il faut tenter de vivre. »

Fleur d'entre les fleurs. Celles qui s'agrippent aux falaises ploient au moindre souffle d'air ; l'armerie, l'œillet marin, autrement appelé gazon d'Olympe, ou la silène, le pavot cornu et la lavatère arborescente. Sur les dunes, palpitent les giroflées blanches. Tout est vent, vent nouveau, froissement de l'invisible, grande poussée effervescente de la respiration du ciel, tout au long des côtes et des bosses pelées du Menez-hom ou de la Troménie. Quand ce vent se lève, au cœur de la nuit, je le reconnais aussitôt, il ressemble au ciorni venti des steppes de l'Asie centrale, ce vent noir que les vieux paysans au visage ridé, au grand toupet enroulé au sommet du crâne rasé, reconnaissent infailliblement à sa saveur, celle de l'herbe sèche, amère et forte comme celle des feuilles de laurier, et à sa voix qui est merveilleusement triste, pleine de profonde nuit.

Ici ou ailleurs, c'est toujours le même vent, que chacun désigne comme il l'entend. Ici, je le nomme vent de l'été indien, vent inconnu, vent de ma celtitude, ne soufflant qu'en ces périodes d'étrange sécheresse de l'esprit — d'aussi loin qu'il m'en souvienne, il souffle sur toute ma petite enfance.

Pourtant, quand il revient, je ne m'y trompe pas. La sueur trempe mes draps. En rêve, sa voix nostalgique, sa voix forte me hèle doucement. J'ouvre les yeux, comme jadis, à Lanedern, au-dessus de la lande de Saint-Michel de Braspart, tandis qu'un vieillard assis en fumant, sur son banc de granit, me dit : « Regarde, petit, le vent noir là-bas. » Le jour agonise, mauve. Le soleil se laisse trancher par les crêtes rocheuses, au fond du paysage. Les dernières lueurs effrangent les branches des rangées tordues de têtards, ces chênes nains. Les chiens aboient de quelque ferme lointaine, invisible et, tout près, le cadavre d'un crapaud écrasé par une roue de tracteur, grandit à vue d'œil comme un caillot de nuit. C'est à cette heure sinistre que je vis le vent noir.

Noir, comme une ombre noire, l'ombre d'un cheval noir, errant indécis entre les marécages. Son galop est incertain et lent. Elle trébuche sur les arêtes crayeuses et granitiques. Tantôt elle s'approche prudemment des bourgades, tantôt elle s'éloigne, peureuse. Quelque chose comme l'aile d'un immense oiseau nocturne effleure les arbres, les vaches, les toitures, les clochers des chapelles et les grands hangars de tôle ondulée des élevages de poulets. Aussitôt leur couleur s'assombrit, se teint de nuit. Des vapeurs charbonneuses noient le crépuscule en une seule étendue fuligineuse d'air et de terre. Les rares passants prennent des yeux noirs et luisants, les autos roulent, noirâtres, et des rires de fillettes, s'attardant au préau des écoles, s'élèvent des corbeaux noirs. Les gens secouent la tête, éberlués ou sages, regardant le vent caracoler maladroitement comme un cheval effrayé, en chuchotant — l'ombre de la nuit, peut-être, teint de noir le vent. Mais nul n'osait interpréter plus avant ce phénomène inexplicable. On feignait même de ne pas le remarquer, tandis qu'il avance, tel un aveugle marchant à tâtons, léchant l'air, frôlant les écorces, la pierre, de ses deux mains tendues, vent qui ne voit pas où il va, touchant tour à tour cette gouttière, cette branche, ou frappant à ma porte d'une voix suppliante et grave, laissant sur toutes choses la noire empreinte de sa caresse légère.

Mais l'exhortation du paysan, regarde, petit, je ne l'ai point oubliée. Et je regarde toujours, au loin, guettant le retour du vent noir. Depuis une semaine, il revient chaque soir, gravit l'allée des châtaigniers et s'attarde, tout harnaché, dans la cour de ma demeure, là-bas, hennit, comme s'il attendait que je l'enfourche à n'en plus finir, ce pauvre vent déguenillé et sombre, ma monture des nuits sans nuits. Alors j'ose, surmontant ma répulsion, j'éperonne son ventre maigre, je caresse son encolure, son aigre crinière, je prends le mors par les dents, en hennissant plaintivement. Bientôt, je m'ébroue. Je souffle dans les feuillages, je m'élève, je me répands... Ô, sombre métamorphose !

Et moi, vent noir je suis, vent noir je fus. Mais si j'y songe, j'ai aussi tout été. En l'acte générateur d'un cosmos menacé d'épuisement, il aura bien fallu que je me dépense follement pour le régénérer. Renaissances multiples ! Oui, j'ai été aussi truie, j'ai été bouc, j'ai été sauge, j'ai été sanglier, j'ai été corne, j'ai été laie, j'ai été cri sur les dunes, j'ai été bruyère cendrée, j'ai été torrent sur la pente, j'ai été vague sur le rivage étendu, j'ai été lueur humide d'un déluge, j'ai été chat avec une tête cachetée sur trois arbres, j'ai été une grue bien grasse, une vision à voir, mais je n'ai jamais été colin... Et pour mon malheur, je suis Edern, pauvre Edern, lointain descendant du saint dont il porte le patronyme, ermite irlandais connu pour avoir franchi l'océan sur une barque de pierre et converti quelques bas-Bretons au christianisme. Edern, Edern, face au vent, tu n'es rien, fétu de paille, rien, trois fois rien, que l'arpenteur d'un chant humain vacant, lentement dévasté par la disparition des mythes, qu'ils soient politiques ou sociaux, ces engrais naturels des peuples.

Hélas, de nos jours, l'érosion a ravagé les doux plissements hercyniens de nos contrées européennes, ils se sont creusés, ravinés, la terre vive s'en est écoulée, la dénudation est presque achevée. Bref, plus personne ne pense durement ce qu'il pense, tout se liquéfie, plus rien ne retient à rien, ni la racine au roc, ni les parapets penchés de rotin au sable face à l'avancée de la mer. Partout on se laisse défaire. Or, les mythes sont les cônes durs, les tertres noirs, ces sides du pays de Galles, ces points obscurs d'ancrages de nos cultures qui les forcent à se ressouvenir, dans les périodes difficiles, de ce que hier elles furent et, demain, elles devront être pour se perpétuer. Dur labeur que d'avancer à contre-courant, avec la pente même des idées générales des contemporains, alanguies et molles, dévastées par les sous-cultures et vous dévalant sur le torse, s'écoulant dans le grand enfoncement du thalweg occidental.

Alors, ce vent noir, si je viens de l'évoquer, tandis qu'il me hante depuis toujours, étalon du rêve, rôdant aussi au-dessus des cultures d'artichauts de la pointe de Penmarc'h, tête de cheval en breton, m'accompagnant partout où je déambule au soir qui tombe, ce souffle d'appréhension trouble, ce vent panique, n'est pas une ultime fantasmagorie de ma nature anxieuse. Non, il n'existe pas. Personne ne l'a vu. Mais, demain, chacun pourtant croira le reconnaître, pointant du doigt le ciel pour enseigner à un autre enfant que celui que je fus : « Regarde, petit, le vent noir... »

Mon vent souffle où il veut. Impalpable crinière échevelée, secouant sa poussière sur l'asphalte des trottoirs — notre avant-guerre rôde, chemises blanches ouvertes, pantalons collants, taches éblouissantes dans le soir, se déplaçant lentement, la vague à l'âme et derrière le rempart cimenté des cabines de bain, sur la plage. France douce, France bienheureuse, qui ouvre tout grand ses bras sur la nuit tiède qu'elle ne cesse d'étreindre en vain. Mais nous ne sommes pas seuls, attablés au bord de la route, la nappe de papier voletant, à tenir l'idéologie du bonheur pour infâme. Et s'il a cessé d'être naturel, le bonheur, pour devenir un vulgaire droit, c'est qu'on vous en a privé quelque part. Mais le vent souffle toujours. Quand je l'enfourche, mon vent souffle où il veut... des archipels invisibles de la désolation aux jardins de l'Elysée en automne et me dépose là où mon imagination me porte. Vos chiens, les premiers avertis, hurlent à la mort. Soudain, leurs yeux noircissent. Labrador aboie. Jugurtha, ton pelage voit et a peur. Les feuilles des arbres, à leur tour, deviennent toutes noires. Et noires aussi les paupières des domestiques, tandis qu'ils ferment cérémonieusement les fenêtres avec leurs mains gantées de caoutchouc noir pour que ne se dégage plus l'infâme odeur du colin se répandant sur Paris.

Au moins ai-je annoncé la couleur : le noir. Mais ce n'est pas la mienne, elle est celle du nouvel obscurantisme. Plus il tombe comme le soir sur les peuples fatigués, plus je me fortifie. Et le noir est le charbon même avec lequel j'allume mon feu et dessine mes cernes. Bien sûr, tout n'est pas si simple, le charbon est humide. Quant aux peuples, ils n'ont plus l'habitude que l'esprit les éclaire. Que mon flambeau vacillant de poète éclairant un paysage immonde et vaseux vienne à tomber, qui le reprendra ?

Qu'ai-je à espérer ? Rien. Quand cesserai-je ce combat inégal ?

Ames éperdues, jeunesse soucieuse, la nuit remue. Regardez celui-là, au bout de la terrasse, cet estivant ventru, il ressemble au Belge de Baudelaire, Français genre café liégeois, abject, immonde, étalant son gros luxe à crédit — ... Le bonheur, une belle et universelle excuse, n'est-ce pas ? chuchote le spectre du poète. Mais pour notre avant-guerre, cette attente a quelque chose de déchirant et de doux tout à la fois. La guerre, oui. A vingt ans, c'est toujours la mobilisation générale, le grand frisson sous l'échine tendue, la marie-louise et l'espérance exagérée. Pourtant la fleur au fusil ? Une anémone ? Oh, ce serait injurier le temps perdu des coquelicots ! Quelque chose va se passer. Mais quoi ? On me presse de questions, ils sont cinq, ces conscrits chimériques, les prunelles noires, les boucles noires agitées par le vent noir revenu. J'hésite, avant de déclarer :

— C'est la guerre.

— Oui, me répond l'un d'eux, levant son verre de blanc, la guerre à la mort.

Pour cette seule raison, je fais de la politique. La grande politique du vivant, l'incessante déstabilisation, le qui perd gagne de l'éternité retrouvée, la course à la présidence de la République, après-demain, et demain Hong Kong, Bangkok, la mousson, les typhons de la mer de Chine, le regard de vautour de l'écrivain sur les charniers de l'Occident. Ô, damnés de la mer ! Toujours d'un seul camp, celui des pirates, d'un seul parti, celui des voyants. Mais quand partirai-je ? L'odeur poisseuse du colin me retient encore, parfois elle remonte par bouffées de puanteur des bouches d'égout.

Cet après-midi, sur les planches de Deauville, mon père faillit même glisser sur un colin pourri. Je le retins de justesse. Non, plus de cadavres exquis, de senteurs d'arrière-saison de notre décadence, les miasmes délétères de Moloch rôdent à hauteur d'homme. Il faudra se lever, marcher sans fin, se défoncer et ressusciter sur les plages de l'aube...

Mais, demain, je ne serai plus des vôtres. Sur la table, avant de disparaître, j'aurai laissé ce manuscrit achevé. A quoi bon le publier ? Pourquoi semer des idées pernicieuses dans la tête des gens qui se croient heureux — heureux, comme le veut l'impérissable évidence apodictique de Fernand Raynaud, heu, pour l'âne, reu, pour le rototo personnalisé. On vous baise, heureux. On vous pigeonne, heureux. On vous découpe en rondelles de saucissons socio-professionnels, heureux toujours... Il faut croire que rien ne découragera jamais les gens heureux. On est heureux comme on est plombier.

— Monsieur, quelle est votre profession ?

— Bah, moi, je suis heureux !

Mais il en est qui se sont pendus pour avoir été trop heureux. Et des peuples que le bonheur aura poussés collectivement au suicide. Quant à nous, tardifs enfants terribles, nous vieillissons avec le siècle, et le siècle avec nous vieillira. Allons-nous toujours coucher l'avenir en son linceul démodé ?

Enfin, comment ne pas être absolument désespéré ? Entre des partis podagres, ou vénaux, une opposition inexistante, une presse bâillonnée, ou corrompue, quelle voix peut-elle se faire entendre ? Est-il encore vrai, comme au XIXe siècle « que le système actuel en France ne tiendrait pas contre trois pamphlets » ? Ainsi s'écriait Balzac jadis, optimiste, dans sa *Monographie de la presse parisienne.* Il ajoutait « Ce sont là des sarcasmes à l'état de boulets de canon. » Mais quelles murailles abattre aujourd'hui ? Ce sont des brumes gluantes, des nappes d'eau indéfinies, où le robinet d'eau tiède glougloute *in secula seculorum...* Sous-culture journalistique, *ora pro nobis.* Le rienologue balzacien, remis au goût du jour, me condamne au rien, rien de rien, puisque « ... la France a le plus profond respect pour tout ce qui est ennuyeux. « Comment ne pas bâiller en écoutant les Gicquel et Cie, les Mougeotte, Bassi ? Mais est-ce suffisant pour avoir quelque déférence à leur égard ? Ce qui, à la rigueur, les rendrait respectables serait de paraître presque aussi ennuyeux que Giscard lui-même, ce qui n'est pas peu dire, le rienologue présidentiel. Or, l'ennui engendre l'oubli. Qui se souvient de ces cinq dernières années de règne ? Que s'est-il passé ? Quelles sont les dures encoches sur l'écorce du temps ? De quoi saigne-t-il ? Quelle sève se déverse ? Quels discours ? Carpentras, Ploermel, Verdun-sur-Doubs, où il annonça la naissance de son parti ? Le Doubs, rivière de la France doubse, où, si je puis dire, pour le colin lui-même, en reprenant les propos du sénateur centriste Diligent : « ... L'U.D.F. est un fleuve qui n'a pas trop de plusieurs sources. » Forcément, il n'y aura jamais assez d'eau pour noyer l'homme libre. Comment garder la tête hors de l'eau ? Pourquoi y aurait-il une alternative, puisqu'il n'y a plus d'opposition ? Cette dernière n'a qu'un seul concept opératoire : l'opportunisme. Une seule loi, selon Revel : « Condamnée dans le passé à attaquer le pouvoir, elle ne se sent à l'aise que lorsqu'elle parvient à l'attaquer sans lui nuire et à l'approuver sans se l'avouer *(en France).* » Nous sommes bien loin des démocraties anglo-saxonnes, les États-Unis, l'Angleterre, où la tolérance réciproque implique de terribles joutes démocratiques, des scandales. Ici, rien de tel : l'intolérance et la flagornerie et l'inavouable se conjuguent. Les éditoriaux amphigouriques d'un Jean Daniel, ce sont les Folge de Combray, les Serisé qui les écrivent eux-mêmes, revus ensuite au centre-gauche par un canaque.

Pourquoi y aurait-il une opposition sociale, puisque les budgets truqués, les indices falsifiés de l'I.N.S.E.E. ne sont dénoncés par personne ? Capitulation civique en rase campagne ! Il ne nous reste plus qu'à assister, impuissants, peuples hébétés, à notre propre liquidation, tandis que Valy, que dis-je, Valyum, l'endormeur, le neuroleptique national, lui, ne cesse de débiter son *cursus honorum* : « Je parle pour la Franche, la Franche douce. Quand j'étais jeune binistre, je conduisais boibême bon autobobile. J'appartiens à un bon bilieu social, je n'ai jamais dit berde. Je suis courtois, je dis bince ! J'apprécie beaucoup l'hubour. »

Mon prince, moi, je vous ai servi. Valyum, oui ! C'est là le bonheur obligatoire, en prison, à l'hôpital, à toutes les sauces. On n'en meurt pas, comas incertains et bouche pâteuse. Valyum, tu parles, je ne t'écoute même plus. Berde alors ! Moi, je préfère les bonnes banières franches. Je dis : merdre. Par ma gidouille, colin-roi, je m'en balance, comme au bout d'une corde d'ailleurs, à votre fourche patibulaire. En un mot, je me soutiens moi-même comme la corde soutient le pendu qui rêve à son gibet. A chaque fois que je tire, c'est de rire que je m'étrangle. L'ubuisme enrhumé du régime devrait faire secouer le peuple tout entier d'un grand, formidable et dévastateur éclat de rire... Après, il ne resterait plus rien. Hélas, non ! L'odeur de lessive et de pourriture, de déodorant, d'arêtes et de louche pharmacie lui rappelle inconsciemment que c'est là une épidémie de mort qui gagne le pays insensiblement. Le morne sphinx à tête de mort, déployant ses ailes, c'est Giscard en personne, attendant que l'on réponde à l'éternelle énigme d'Oedipe — ... Quel est cet animal qui nage avec quatre, deux ou trois nageoires selon qu'il est petit, adulte ou vieux ? Moi, je vous épargne la réponse. Nul n'est censé l'ignorer.

Mais vous ne savez pas encore comment je vais faire une belle fin. En abandonnant ce livre ? Voici qui est fait depuis longtemps. Là-bas, à Deauville, des adolescents anxieux en déchiffrent les pages éparpillées — ... Et l'auteur ? demandent-ils. — Il est parti sans laisser d'adresse, grommelle le patron... Au moins a-t-il payé l'addition ? — Vous en faites pas, elle sera lourde, ajoute-t-il d'un air sombre. Lourde comme l'atmosphère qui pèse, l'épais ciel gris de l'époque, la barre de plomb de l'océan derrière ma fenêtre, soudain fendue à la transversale, à vertigineuse allure, par un volier blanc. Les drapeaux des cabines de bain de Deauville claquent au-dessus des maîtres-nageurs, la poussière de crottin flotte au-dessus du manège. Rien ne changera plus :

l'eau forte à la Boudin s'est figée à jamais : comme une vieille putain, la France est plombée. Mais sait-on jamais ? Balzac me souffle encore : « Le vrai pamphlet est une œuvre du plus haut talent, si toutefois il n'est pas le cri du génie. » Quant au temps lourd et pluvieux, il est typiquement normand. Faut s'y habituer, comme à notre Franche douche. Mais voici soudain en plein mois de juillet le tonnerre, la grêle, les chevaux, panique soudaine, parasols balayés, les chevaux affolés se cabrant, désarçonnant leurs cavaliers, et puis l'embellie, l'arc-en-ciel... En notre longue vie, il faut savoir aussi traduire les métaphores météorologiques. De même, je vous en prie, tournez la page, accrochez-vous à votre Balzac qui dit tout — « Le pouvoir qui s'endort dans une trompeuse sécurité, ne commettra ses fautes envers l'intelligence qu'à la flamme d'un incendie allumé par un petit livre *(Monographie...).* » Et j'en sais d'immortels qui sont de purs sanglots de rire.

Mais qui le lira ? Tous les soirs, Giscard, vous le consulterez en cachette. Après avoir tourné la dernière page, sentez votre main. Tous les parfums d'Arabie n'arriveront pas à effacer cette odeur... Ecœurante, fade, elle se répand comme votre propre traîne, parfois la pluie ramène passagèrement quelque fraîcheur. Oh, laissez-moi respirer, voguer au grand large... Ne vous ai-je pas déjà fait l'honneur excessif, Giscard, eu égard à votre insignifiance exorbitante, de vous consacrer presque tout un poème. Heureusement, l'ai-je entrecoupé de mes participations politiques de grand écrivain. Elles seules importent. Pour le reste, que faire avec toute l'humidité ambiante ? L'opportunisme vulgaire invite au parapluie, et non à lancer des brûlots exemplaires. A cause de Moloch, Hannibal n'aura pas pu conquérir Rome, la ville éternelle. Eternellement, moi je crie : bis, bis ! La France, et l'Europe, seront-elles détruites ? Non : liquidées. Après tout, depuis nos humanités classiques, nous savons que toutes les civilisations sont mortelles. De même arrive-t-il que le feu prenne à Rome, comme aux imaginations les plus desséchées. Moi, je marche à l'étoupe enfantine. L'enfant, lui, tient le vrai pouvoir. Et, comme le notait Héraclite : le temps est un enfant qui joue aux dames. Moi, à défaut d'avoir été Hannibal, je pourrai toujours me faire passer pour Néron avalant le poison au-dessus de la ville incendiée par mes propres soins. Pour une belle fin, c'en est une, déjà il s'écrie : « Quel artiste le monde va perdre ! »

(Deauville, juillet 1979)

Encoches

Si j'ai blessé l'arbre du temps,
telles sont les encoches...

ENCOCHE 1

L'abjection règne. Elkabbach aux mains moites de frousse, Roger Gicquel à la tête de C.R.S. en congé de maladie, les frères Duhamel, le régime en attend un troisième pour la Noël, les petits jésus de la lèche officielle. Zitrone, ce vieux larbin. Mougeotte, ce faux derche revenu de toutes les gauches. Bassi ou Cavada, si nuls, si prétentieux, si falsificateurs, que même une radio africaine, même l'empereur Bokassa, hésiteraient à les employer : tous, valets du régime, que dis-je, du fantasme giscardien, ce chef-d'œuvre de transparence et de vide.

Moi, j'ai quatre minutes dix-sept pour m'exprimer. On me coupera en plein discours. Odieuse censure, mais je continuerai quand même à parler dans vos têtes et dans vos cœurs.

Eux, vous aurez à les supporter, du

matin au soir, toute l'année durant, et l'année d'après.

De Gaulle avait au moins des ennemis, comme Cohn-Bendit ou Bastien-Thiry, ou de grands serviteurs passionnés. Mais Giscard, lui, n'a que des valets, la basse-cour journalistique d'une France domestiquée. Valets, oui, qui touchent à la fin du mois des salaires exorbitants, toute honte bue de la collaboration. Ici, les goulags, le disco douceâtre du libéralisme éclairé. Aujourd'hui, ces valets vous soumettent à un nouvel holocauste, celui de votre courage et de votre volonté. Pauvre France qui se méprise elle-même et que méprise son Président, ce parvenu.

Pauvre Europe qu'aucun souffle ne vient rafraîchir, les miasmes remontent aux narines. Pauvre Bretagne, dont on ne prend que les ministres de l'Intérieur, et que l'on gouverne par préfets interposés. Bretagne et toutes les autres régions de France, régions conscientes que des lois scélérates empêchent de s'exprimer, vous êtes là sous la coupe d'une mafia parisienne.

Ouvriers, paysans, intellectuels, ce sera désormais sous le drapeau breton qu'on fera reculer l'ennemi, le nouveau drapeau des libertés, il est breton. Ecoutez comme il claque.

A campagne nulle, une juste sanction, un bulletin nul, parce que verser trois cents millions pour mettre des bulletins dans une urne, notre argent, il nous servira plutôt pour les combats à venir. Régionalisme de la culture et tous ceux dont la Bretagne se veut le fer de lance.

Je tiens à dénoncer, à l'heure où les partis discrédités sont tombés dans le piège que leur a tendu Giscard pour se renforcer lui-même en vue des présidentielles de 1981, la République des valets, des gilets rayés. Ses conséquences sont accablantes, pas de démocratie, un chantage fiscal incessant sur les hommes, une presse sournoisement muselée à droite comme à gauche, toutes les voix libres étouffées à coups de milliards et d'autocensure, et le pays comme pris en otage, en cette année de l'enfance. Réveillons-nous. Il aura voulu nous mettre à l'hôpital. Les régions, oui, ont un statut d'établissement public comme les hôpitaux. On les met au lent mouroir de la France douce. A la tête de cet hôpital, Giscard a même mis son infirmière, sa masseuse, Simone Veil, ministre de la Santé ; Lecanuet à la buanderie ; Ponia à l'économat, et Edgar Faure en est, lui, l'infirmier zézayant.

Rejetez la République des valets, rejetez les Bassi et les Elkabbach. Voter pour les Cavada, les Zitrone, pas question, voter pour les cuisiniers du château giscardien qui préparent les festins des rois et ne nous laissent que les os, nous ne sommes pas des mendiants, notre Bretagne est trop grande pour leur petitesse servile. Oui...

(6 juin 1979, Campagne officielle des Européennes)

ENCOCHE 2

Paysan, rebelle, enraciné et aristocrate, tel je suis et tel quel, en porte-parole des miens, je m'adresse à vous pour vous inviter à rompre le pain avec nous, en Bretagne.

Imprudence ? Provocation ? Innovation déplacée dans les mœurs politiques ? Or elles sont si décadentes, anémiées, je vous le dis, totalement dépourvues d'imagination et de chaleur humaine de nos jours, que je m'en voudrais presque de rappeler la grande tradition de doléances populaires qui autorise le sujet à s'adresser directement à son monarque, sans passer par l'intermédiaire des corps constitués. Alors, Monsieur le Président, revenant en ce petit lopin de terre européenne et française, puissiez-vous porter l'oreille contre notre profond coquillage celte en rumeur.

Qu'y entendrez-vous ? Que l'esprit du temps soufflant là où il veut, entre les feuilles des châtaigniers, les landes charbonneuses, ruisselant sur nos abers et herbages, en courtes rafales iodées, vient aussi de la Bretagne. Car il arrive parfois au génie des lieux d'inspirer la politique, là où les calculs, les hypothèses raisonnables, s'évanouissent dans le champ culturel d'où je parle, alliance d'enracinement et de vagabondage, d'histoire et de rêveries politiques. Du moins, paysan de l'avenir, semant pour les prochaines moissons, je parie ici, fortement que la culture, oui, est le dernier frisson de notre Occident.

Demain, les élections européennes rassembleront les peuples dépareillés d'un carrefour socio-économique. Les enjeux en paraîtront obscurs, négligeables, à la plupart, et vous risquez même de les perdre, s'ils n'intéressent plus que les spécialistes — comme fromages pour les battus des dernières législatives. Moi, je baratte, c'est le lait dont on fait les fromages qui seul m'intéresse : ce lait s'appelle l'âme et les mythes d'un continent. Et si ce lait vient à cailler dans le discours aigrelet des notables, exténués d'économisme plat et de clientélisme, l'absence d'un vrai débat culturel en sera la cause secrète. Car pour rejoindre les autres, il faut d'abord réapprendre à être soi-même.

Demain, l'Alsace, l'Occitanie, le Pays basque, la Corse vont se laisser moudre dans un entonnoir anonyme. Que leur importera ? Le Parlement sera soit une institution vidée d'avance de tout contenu, soit une affaire suscitant leur défiance... Autant de doutes, de nuages, que les rudes effluves celtes peuvent dissiper dans l'élargissement culturel que j'invoque. Bretagne, telle est la région d'où il peut renaître, comme d'une longue marche d'un chemin creux vers l'urgence politique et son calendrier, l'une épousant l'autre.

Ici, je vous convie, en Edern, mon village. Edern, tel est aussi mon prénom, aux origines latines. *Aeternus,* à savoir éternel : tel est mon patronyme, ce saint venu jadis d'Irlande en barque de pierre.

Alors, que le miracle se répète ! Que la pierre reprenne la mer, et devienne arche de la nouvelle croisade culturelle. Chaquc matin je l'appelle, je veux dire ce que Victor Hugo nomme : cette part de réel contenu en ce qu'il est convenu d'appeler l'impossible. Mais n'est-ce pas le propre du poète de rêver ? Ce qu'il perçoit, le langage quotidien s'avère impuissant à le saisir. Et ne fut-ce pas le propre des plus grands chefs d'État que de s'exprimer aussi en poètes, au niveau mythique de l'histoire, de Mao Tsé-toung à de Gaulle ?

Nos peuples manquent de grands projets. Alors que la géopolitique et l'archéologie immergée des temps reculés vous entraînent vers ma demeure de granit, symbole s'il en est : ici, commença en 1695 la révolte des Bonnets rouges. De là prit naissance la charte des libertés armoriques, je tiens à l'évoquer hautement, à l'heure où, depuis votre discours de Ploërmel, vous avez lancé vous-même l'idée d'une « charte culturelle bretonne ». Or ces deux chartes, par-delà les siècles, ont au moins un point commun, prolongeant l'innovation d'hier en celle de demain : ce sont des constitutions culturelles. L'ancien doit être le germe du nouveau.

De même, notre identité perdue, comment la reconquérir en une Europe dont la coquille cacherait l'absence de noyau, et l'écorce celle de graines pour de prochaines moissons ? Qu'ensemence-t-on sans cette longue quête d'une identité ? L'identité retrouvée, c'est aussi retrouver la force d'un choix, le mener à bien. Puisse l'Europe, et la Bretagne, rassemblées en une même tension vers l'avenir, créer l'urgence de telles retrouvailles.

Urgence intemporelle, entre les embruns et l'océan, entre nos côtes pareilles à des gencives mises à nu et les os rocheux qui en constituent les parapets, entre l'argile et le sable, appel du Finistère, *Finis terrae,* d'une académie secrète d'esprits libres aux seules couleurs des hortensias et des ardoises bleues d'un sol austère.

Ni hommes politiques ni caïds de quelque conseil régional, nous n'avons aucun pouvoir ; le nôtre est spirituel, du vent, encore du vent... Nous ne sommes que des écrivains. Et si la plupart d'entre nous passent pour être de gauche, nous n'avons que faire des consignes d'état-major politique.

Car chacun à notre manière, nous dédaignons souverainement les crispations politiciennes dont on essaie de nous faire croire qu'elles sont des prises de position, voire des pensées profondes.

Oui, mieux que les autres, les nôtres ont étendu dans le monde entier le rayonnement de la langue française — quand bien même nous était-elle étrangère au départ. Comme eux, nous manions la même langue et parfois avec dextérité celle dont nous sommes issus, soudain reconquise. Je veux parler de vos hôtes : Grall, Hélias, Markale, Le Quintrec, Queffélec, Angela Duval, Angèle Vannier, Louis Guilloux, Le Bris, Le Dantec, Turpin, Guillevic, Glenmor, au nom desquels je suis chargé de vous inviter.

Bien sûr, nous ne vous dirons pas les mêmes choses. En presque tout nous différons, sauf que notre communauté profonde, invisible, est une seule passion: la Bretagne. Par nos champs, et par nos grèves, nos futaies et nos bois, nous vous appelons. Et par Tronoën aux trognes de saints érodées par le vent marin, mangées de lichens, et par Penmarch, tête de cheval, Daoulas, Le Faou, et par nos villages et nos villes, nos ports et nos collines, par Le Guilvinec, Concarneau, ou par le Menez-Hom ou Brasparts, musée à ciel ouvert, multiple, imprévu, soudain révélé au détour d'une route. Ce sont presque cinq cents ans de solitude qui contemplent le visiteur : depuis qu'en 1491, la duchesse Anne, en épousant le jeune roi Charles VIII, céda notre patrie charnelle à la France. Depuis lors, le même écriteau des écoles communales reste suspendu sur la tête de nos enfants : « Défense de cracher par terre et de parler breton. »

Non, je ne me plains pas. Le breton est une langue d'accompagnement : l'éveil de l'enfant se hâte dans le dualisme linguistique, premier exercice de l'intelligence. Quant au crachat, il n'est plus qu'une métaphore, en notre pays de crachin, pour désigner cette pluie fine qui se crache littéralement, cette pulvérisation humide et incessante des nuages. Et n'y voyez pas de malice, je vous en prie, si j'ajoute que nous ne sommes point de ceux qui crachent dans la soupe, pour évoquer ces nouveaux philosophes que vous avez tout récemment reçus à l'Elysée. Car ce serait ici, en notre propre soupe que nous cracherions, notre antique brouet de pain et de lait. Venez le partager avec nous, avant l'hiver.

Nous voulons vous rencontrer : il est toujours dangereux d'aimer les gens avant de les connaître, s'écriait diaboliquement Talleyrand. On ignore son voisin tant qu'on n'aura pas mangé une livre de sel avec lui. Venez en goûter deux, trois, et boire du vent. Asseyez-vous devant notre frugal repas : ces mets auront pour vous la saveur d'une nouvelle cuisine. Et puis, vous goûterez au chouchen, cet hydromel liqueur de miel, la boisson des dieux de l'autre Elysée, celui de la Grèce antique dont la tradition s'est en nous perpétuée, par-delà la description des grandes figures votives de l'Occident.

Après, s'il vous plaira, nous marcherons ensemble sur les grèves. Vos jambes sont longues pour les parcourir, et le vent toujours vous coiffera de ses mèches. Au loin, les longues crinières d'écume des vagues n'en finiront plus de galoper, accompagnant notre marche. Oui, de quoi aurons-nous parlé ? Pour une fois, nous ne vous accablerons pas de ces vieilles récriminations qui collent toujours à nos pieds, comme les feuilles mortes en automne, tandis que j'avance, appuyé sur ma canne de singe-pèlerin. Autonomie ? N'est autonome que celui qui, au lieu de s'en détacher, invente pour vivre de nouveaux liens avec les autres. Revendications ? Non, puissiez-vous lire avec nous notre cahier de doléances ; il figure parmi les traditions de la monarchie retrouvée : « Au roi en son conseil, et au peuple en ses Etats. » Pourquoi ne pas les ressusciter ensemble ?

Rien de ce qui est culturel, bien sûr, ne vous est indifférent. Mais il ne s'agira plus de confondre cet acné régionaliste, ici ou ailleurs, éruption cyclique en nos provinces, avec le bourgeonnement des idées neuves. Car le lamento breton, vous en connaissez toutes les variantes — vous seul pouvez y répondre politiquement. Nous, notre enjeu est tout autre : que cent fleurs éclosent, pour annoncer le printemps. Chateaubriand le premier nous enseigne qu'il est plus précoce ici que partout ailleurs en Europe.

Pardonnez-moi, si je m'enthousiasme de ce qui n'est encore qu'un rêve et, peut-être, le restera. Viendrez-vous à dédaigner notre invitation, que nous nous réunirions quand même. Mais en attendant, je tiens à proclamer fortement ce qu'elle signifie, pour ce qui me concerne, en tant qu'écrivain, parmi mes pairs, au-delà du simple cérémonial auquel je vous prie : la politique se doit désormais de rendre aux peuples leur capacité mythologique... A savoir que cesse le décalage, toujours plus grand, entre leur expansion, leur bien-être, l'aptitude du pouvoir à le dispenser, et leur capacité à donner des résonances imaginaires à la croissance de la maîtrise matérielle. Pour l'instant, tout devient occasion pour l'opposition, quand bien même serait-elle incapable de produire une vraie alternative aux inconvénients de la conjoncture, pour se gonfler artificiellement... Cette simple petite idée, je l'appelle la culture. Ses racines géologiques poussent aussi en Bretagne. Elles peuvent s'étendre sur tout un continent, le nôtre.

Demain, se peut-il que l'on entende soudain : « L'Europe est devenue une idée nouvelle en Europe. A l'Ouest, du nouveau » ?

(3 octobre 1978
Le Figaro Magazine,
Le Monde)

Collection « Lettre ouverte »

René Andrieu	*Lettre ouverte à ceux qui se réclament du socialisme*
Christine Arnothy	*Lettre ouverte aux rois nus*
Robert Aron	*Lettre ouverte à l'Église de France*
Yvan Audouard	*Lettre ouverte aux cons*
René Barjavel	*Lettre ouverte aux vivants qui veulent le rester*
André Bergeron	*Lettre ouverte à un syndiqué*
Pierre de Boisdeffre	*Lettre ouverte aux hommes de gauche*
Gaston Bouthoul	*Lettre ouverte aux pacifistes*
Philippe Bouvard	*Lettre ouverte aux marchands du Temple*
R.L. Bruckberger	*Lettre ouverte à Jésus-Christ*
Jean Cau	*Lettre ouverte aux têtes de chiens occidentaux*
Jean Cau	*Lettre ouverte à tout Le Monde*
Gilbert Cesbron	*Lettre ouverte à une jeune fille morte*
François Chalais	*Lettre ouverte aux pornographes*
Salvador Dali	*Lettre ouverte à Salvador Dali*
Pierre Debray-Ritzen	*Lettre ouverte aux parents des petits écoliers*
Pierre Démeron	*Lettre ouverte aux hétérosexuels*
Roland Dorgelès	*Lettre ouverte à un milliardaire*
Maurice Duverger	*Lettre ouverte aux socialistes*
Georges Elgozy	*Lettre ouverte à un jeune technocrate*
Robert Escarpit	*Lettre ouverte à Dieu*
Robert Escarpit	*Lettre ouverte au diable*
Alfred Fabre-Luce	*Lettre ouverte aux chrétiens*
Jean Ferré	*Lettre ouverte à un amateur d'art*
Jean Fougère	*Lettre ouverte à un satyre*
Jean Fourastié	*Lettre ouverte à quatre milliards d'hommes*
Maurice Garçon	*Lettre ouverte à la Justice*

Jean Grandmougin *Lettre ouverte au ministre de l'Information*
Paul Guth *Lettre ouverte aux idoles*
Jean-Edern Hallier *Lettre ouverte au colin froid*
Roger Ikor *Lettre ouverte aux Juifs*
Roger Ikor *Lettre ouverte à de gentils terroristes*
Michel Jobert *Lettre ouverte aux femmes politiques*
Robert Laffont *Lettre ouverte aux Français d'un Occitan*
Jean Lartéguy *Lettre ouverte aux bonnes femmes*
Jacques Laurent *Lettre ouverte aux étudiants*
André Maurois *Lettre ouverte à un jeune homme*
Henri Modiano *Lettre ouverte aux gaullistes trahis*
François Nourissier *Lettre ouverte à Jacques Chirac*
Françoise Parturier *Lettre ouverte aux hommes*
Françoise Parturier *Lettre ouverte aux femmes*
Louis Pauwels *Lettre ouverte aux gens heureux*
Jean-François Revel *Lettre ouverte à la droite*
Jules Romains *Lettre ouverte contre une vaste conspiration*
Denis de Rougemont *Lettre ouverte aux Européens*
Albert Simonin *Lettre ouverte aux voyous*
André Soubiran *Lettre ouverte à une femme d'aujourd'hui*
Robert Soupault *Lettre ouverte à un malade en colère*
Jacques Soustelle *Lettre ouverte aux victimes de la décolonisation*
Jacques Sternberg *Lettre ouverte aux Terriens*
Georges Suffert *Lettre ouverte aux gens de vingt ans à qui l'on ment*
Paul Vialar *Lettre ouverte à un jeune sportif*
Pierre Viansson-Ponté *Lettre ouverte aux hommes politiques*
Wolinski *Lettre ouverte à ma femme*
Gérard Zwang *Lettre ouverte aux mal-baisants*

*La composition
et l'impression de ce livre ont été effectuées
par l'Imprimerie Aubin à Ligugé
pour les Éditions Albin Michel*

AM

*Achevé d'imprimer le 17 octobre 1979
N° d'édition 6663. N° d'impression L 11933
Dépôt légal 4e trimestre 1979*

Imprimé en France